© Testun: Non ap Emlyn, Bethan Clement, 2019
© Dyluniad: Peniarth,
Prifysgol Cymru Y Drindod Dewi Sant, 2019

Golygwyd gan Eleri Jenkins.

Dyluniwyd gan William Snoad.

Lluniau: © Shutterstock

Cyhoeddwyd yn 2019 gan Peniarth.

Mae Prifysgol Cymru Y Drindod Dewi Sant yn datgan ei hawl moesol dan Ddeddf Hawlfraint, Dyluniadau a Phatentau 1988 i gael ei hadnabod fel awdur a dylunydd y gwaith yn ôl eu trefn.

Cedwir pob hawl gan yr awduron unigol. Ni chaniateir atgynhyrchu unrhyw ran o'r cyhoeddiad na'i gadw mewn cyfundrefn adferadwy na'i drosglwyddo mewn unrhyw ddull na thrwy unrhyw gyfrwng electronig, electrostatig, tâp magnetig, mecanyddol, llungopïo, recordio, nac fel arall, heb ganiatâd yn ysgrifenedig ymlaen llaw gan y cyhoeddwyr uchod.

2019

Cyflwyniad

Pwrpas **Gwella'r Gair** ydy gwella ansawdd ysgrifennu disgyblion trwy gyfuniad o ymarferion iaith ynghyd â gweithgareddau digidol sydd ar gael ar Hwb. Mae'r adnodd yn addas ar gyfer dysgwyr Blynyddoedd 3 - 6 a gosodir pwyslais ar gywirdeb iaith drwy gyflwyno cystrawen, atalnodi, treigladau ac agweddau penodol ar iaith a fydd yn arwain at ysgrifennu cywir.

Mae'r adnodd yn ateb gofynion Rhaglen Astudio Ysgrifennu y Fframwaith Llythrennedd a Rhifedd diwygiedig a'r Cwricwlwm Cymraeg.

Mae 3 rhan i'r adnodd yn ogystal â gweithgareddau rhyngweithiol.

Adran A

Dyma hanner cyntaf y llyfr sy'n cynnwys ymarferion iaith. Bydd yr ymarferion yn ymwneud ag elfennau unigol, e.e. y defnydd o ansoddeiriau ac adferfau, defnyddio cysylltieiriau, treigladau ac atalnodi.

Adran B

Dyma ail ran y llyfr sydd eto'n cynnwys ymarferion iaith, ond gan gyfuno'r elfennau ieithyddol a welir yn Adran A. Mae disgwyl i'r dysgwyr adnabod nifer o wallau amrywiol ac mae angen iddyn nhw eu nodi a'u cywiro mewn testunau megis llythyr, adroddiad, e-bost, hysbyseb, rysáit ayb.

Mae ymarferion yr adran hon wedi eu cynnwys mewn testunau pob dydd fel bod y cyd-destun yn fwy naturiol.

Adran C

Dyma'r adran sy'n cynnwys yr atebion i'r ymarferion a welir yn Adran A a B. Gellir cael mynediad at yr Adran hon ar Hwb neu drwy'r ddolen isod:

https://adnoddau.canolfanpeniarth.org/gwellar-gair/

Gweithgareddau Rhyngweithiol

Mae nifer o weithgareddau rhyngweithiol ar gael i gefnogi **Gwella'r Gair**. Gellir cael mynediad at y gweithgareddau ar Hwb neu drwy'r ddolen isod:

https://adnoddau.canolfanpeniarth.org/gwellar-gair/

Cynnwys

Adran A

Sgiliau geiriadur

Yr wyddor	5
Llythrennau dwbl	7
Gwrywaidd, benywaidd a lluosog	8

Treigladau

Y treiglad meddal	9
Y treiglad trwynol	10
Y treiglad llaes	11

Atalnodi

Priflythyren	12
Atalnod llawn a gofynnod	13
Ebychnod	14
Atalnod (i)	15
Atalnod (ii)	16
Dyfynodau	17
Collnod	18

Cysyllteiriau

'a' / 'ac'	19
'neu'	20
Cysyllteiriau amser	21
Cysyllteiriau achos a chanlyniad	22

Enwau

Treiglo ar ôl 'y' a 'r'	23
'hwn', 'hon' a 'hyn'	24
Rhifolion gydag enwau benywaidd	25
'dau' a 'dwy'	26
'tri' a 'tair'	27
'pump' a 'chwech'	28
Lluosog enwau (i)	29
Lluosog enwau (ii)	30

Ansoddeiriau

Beth yw ansoddair?	31
'yn' + ansoddair	32
Enw ac ansoddair	33
Enwau benywaidd	34
Gwahanol!	36
Geiriau bach defnyddiol	37
'rhy'	39
Cymharu: 'mor ... â ...'	41
Cymharu: 'yn __ - ach na ...' 'yn fwy __ na ...'	42
Cymharu: 'y / yr __ af' 'y mwyaf __'	43
Cymharu ansoddeiriau: y rhai afreolaidd	45

Adferfau

Beth yw adferf?	48
Sut i ffurfio adferf: 'yn' + ansoddair	49

Rhagenwau

Beth yw rhagenw?	50
'fy' + treiglad trwynol	52
'dy' ac 'ei' gwrywaidd + treiglad meddal	53
'ei' benywaidd + treiglad llaes	54
'eu' lluosog	55

Berfau

Y presennol: 'Rydw i …' / 'Rwyf i …' 'Rydyn ni …'	56
Y presennol: 'Mae …' / 'Maen nhw …'	57
Y presennol: y negyddol (ddim) 'Dydw i ddim …' 'Dydyn ni ddim …'	58
Y presennol: y negyddol (ddim) 'Dydy … ddim …' 'Dydyn nhw ddim …'	59
Y presennol: gofyn ac ateb cwestiynau	60
Yr amherffaith: 'Roeddwn i …' 'Roedden ni …'	64
Yr amherffaith: 'Roedd …' 'Roedden nhw …'	65
Yr amherffaith: y negyddol (ddim) 'Doeddwn i ddim …' 'Doedden ni ddim …'	66
Yr amherffaith: y negyddol (ddim) 'Doedd … ddim …' 'Doedden nhw ddim …'	67
Yr amherffaith: gofyn ac ateb cwestiynau	68
Y gorffennol	72
Y gorffennol: sôn am rywun neu rywbeth arall	73
Y gorffennol: gofalus! 'fi' a 'ni'	74
Y gorffennol: gofalus! sôn am rywun arall	75
Y gorffennol afreolaidd: 'fi' a 'ni'	76
Y gorffennol afreolaidd: sôn am rywun arall	77
Y gorffennol: y negyddol (ddim)	78
Y gorffennol: y negyddol (ddim) sôn am rywun arall.	80
Y gorffennol afreolaidd: y negyddol (ddim)	82
Y gorffennol: gofyn ac ateb cwestiynau	84
Y gorffennol afreolaidd: gofyn ac ateb cwestiynau	86
Berfau defnyddiol	88
Gorchmynion	90
Gorchmynion afreolaidd	91
Gorchmynion: gofalus!	92
Gorchmynion: y negyddol	93

Arddodiaid

Beth yw arddodiad?	94
Arddodiad + y treiglad meddal	95
Arddodiad + y treiglad trwynol	96
'yn' a 'mewn'	97
Rhedeg arddodiaid	98
Berfau ac arddodiaid	104
Arddodiaid mewn ymadroddion	105
Dim arddodiad ar ddiwedd brawddeg	106

Adran B

Sgiliau geiriadur

Gwrywaidd, benywaidd a lluosog	107

Treigladau

Tasgau adolygu	108

Atalnodi

Tasgau adolygu	110

Cysyllteiriau

'a' / 'ac'	112
Tasgau adolygu	113

Enwau

Rhifolion gydag enwau	115
Enwau lluosog	116
Tasg adolygu	117

Ansoddeiriau

'yn' + treiglad meddal	118
Tasgau adolygu	119

Rhagenwau

Rhagenwau personol	120
Tasg adolygu	121

Berfau

Y presennol	122
Y negyddol	124
Gofyn ac ateb cwestiynau	126
Yr amherffaith	128
Y gorffennol	129
Y gorffennol: y negyddol	130
Y gorffennol: gofyn ac ateb cwestiynau	131
Gorchmynion	132
Tasg adolygu	133

Arddodiaid

Arddodiaid a threigladau	134
Rhedeg arddodiaid	135
Tasgau adolygu	136

Sgiliau geiriadur

Yr wyddor

Mae 29 llythyren yn yr wyddor Gymraeg. Dyma nhw:

a b c ch d dd e f ff g ng h i j l ll m n o p ph r rh s t th u w y

Mae 7 o'r llythrennau yn llafariaid ac mae 22 yn gytseiniaid.

Llafariaid

a, e, i, o, u, w, y.

Cytseiniaid

b, c, ch, d, dd, f, ff, g, ng, h, j, l, ll, m, n, p, ph, r, rh, s, t, th.

1. Chwiliwch am ddeg eitem yn eich ystafell ddosbarth. Ysgrifennwch enw pob eitem yn y golofn gywir isod.

Eitem sy'n dechrau â llafariad	Eitem sy'n dechrau â chytsain

2. Meddyliwch am ansoddair (gair sy'n disgrifio) i ddisgrifio pob un o'r eitemau. Ysgrifennwch bob gair yn y golofn gywir.

Ansoddair sy'n dechrau â llafariad	Ansoddair sy'n dechrau â chytsain

3. Ysgrifennwch enw deg plentyn yn y golofn gywir isod.

Enw sy'n gorffen â llafariad	Enw sy'n gorffen â chytsain

Llythrennau dwbl | Gwella'r Gair

Mae wyth llythyren ddwbl yn y Gymraeg. Dyma nhw:

ch, dd, ff, ng, ll, ph, rh, th.

Mae'n rhaid cofio hyn wrth ddefnyddio geiriadur.

Yn y geiriadur, mae:

cysgu yn dod cyn **chwaer**

eglwys yn dod cyn **enghraifft**

trefnu yn dod cyn **thema.**

Rhowch y geiriau yma yn nhrefn yr wyddor.

Set 1	Set 2	Set 3	Set 4
bara	bwyta	rhedeg	allwedd
wyau	bargen	cerdded	theatr
carw	car	hwylio	pwll
asgwrn	cysgu	trên	perthynas
swper	parsel	cadw	cragen
	barcud	cerdyn	sefyllfa
	casglu	rygbi	cangen
			hamdden
			pethau
			cyngor

Gwella'r Gair | Gwrywaidd, benywaidd a lluosog

Fel arfer, mae enwau yn wrywaidd, yn fenywaidd neu'n lluosog. Dyma sut mae hyn yn cael ei ddangos mewn geiriadur:

eg	enw gwrywaidd
eb	enw benywaidd
egb/ebg	enw sy'n gallu bod yn wrywaidd neu'n fenywaidd
ell	enw lluosog

Enghreifftiau

teledu	eg
cadair	eb
llygad	egb
cathod	ell

Ydy'r enwau yn y golofn gyntaf isod yn wrywaidd neu'n fenywaidd?

Ysgrifennwch eich ateb yn yr ail golofn. Mae'r un cyntaf wedi ei wneud i chi.

Yna, gwiriwch eich atebion yn y geiriadur.

	Enw	eg / eb / egb / ell	Gwirio
1.	bachgen	eg	✓
2.	plant		
3.	ci		
4.	cath		
5.	cerdyn		
6.	munud		
7.	anifeiliaid		
8.	siglenni		
9.	cwpan		
10.	cinio		

Treigladau

Y treiglad meddal

Mae'r llythyren yma	yn newid i'r llythyren yma	Enghraifft
c	g	camel > dy **g**amel
p	b	parot > dy **b**arot
t	d	teigr > dy **d**eigr
g	-	gafr > dy **a**fr
b	f	broga > dy **f**roga
d	dd	deinosor > dy **dd**einosor
ll	l	llyffant > dy **l**yffant
m	f	mwnci > dy **f**wnci
rh	r	rhinoseros > dy **r**inoseros

Rhowch gylch o gwmpas pob llythyren sydd wedi treiglo'n feddal yn y golofn gyntaf. Beth oedd y llythrennau hyn cyn y treiglad? Nodwch eich atebion yn yr ail golofn.

	Llythyren cyn y treiglad
1. y gadair newydd	
2. fy chwaer fach	
3. Ble mae dy frawd?	
4. Gwelais dy gath y bore 'ma.	
5. Roedd yr hen ddesg wedi torri.	
6. y ferch fach	
7. yr hen deganau budr	
8. Gwelais dair gwiwer goch.	
9. Ysgrifenna ar y ddwy linell yma.	
10. Roedd y brws a'r grib yn yr ystafell wely.	

Gwella'r Gair | Y treiglad trwynol

Mae'r llythyren yma	yn newid i'r llythyren yma	Enghraifft
c	ngh	ceffyl > fy **ngh**effyl
p	mh	pwdl > fy **mh**wdl
t	nh	twrci > fy **nh**wrci
g	ng	gorila > fy **ng**orila
b	m	barcud > fy **m**arcud
d	n	draig > fy **n**raig

Treiglwch y geiriau sydd yn y golofn gyntaf yn drwynol.

cath	fy nghath
1. brawd	fy
2. dillad	fy
3. bag	fy
4. Caerdydd	yng
5. trên	fy
6. pen draw'r byd	ym
7. car	fy
8. Patagonia	ym
9. tacsi Dad	yn
10. canol y dref	yng

Y treiglad llaes | Gwella'r Gair

Mae'r llythyren yma	yn newid i'r llythyren yma	Enghraifft
c	ch	corryn > ei **ch**orryn hi
p	ph	pili-pala > ei **ph**ili-pala hi
t	th	tarw > ei **th**arw hi

Rhowch gylch o gwmpas pob llythyren sydd wedi treiglo'n llaes yn y golofn gyntaf. Beth oedd y llythrennau hyn cyn y treiglad? Nodwch eich atebion yn yr ail golofn.

		Llythyren cyn y treiglad
1.	tri cheffyl mawr	
2.	ei theledu hi	
3.	chwe chath ddu	
4.	Ble mae ei char hi?	
5.	Roedd chwe phensil ar y bwrdd.	
6.	Ble mae ei char a'i charafán hi?	
7.	Oedd ei chaws a'i chig yn y troli?	
8.	Mae ei chamel a'i thwrci yn yr ardd.	
9.	Roedd gan yr ysgol dri theledu a chwe chyfrifiadur.	
10.	Rhoddodd ei the a'i choffi yn ei chwpwrdd.	

Atalnodi

Gwella'r Gair  | Priflythyren

Mae'n rhaid defnyddio priflythyren:

- ar ddechrau brawddeg
- ar ddechrau cwestiwn
- ar gyfer enw person neu le
- ar gyfer dyddiau'r wythnos, misoedd y flwyddyn a gwyliau
- ar gyfer dangos dechrau sgwrs ar ôl dyfynodau ("), e.e. Gofynnodd, "Wyt ti eisiau darn o gacen?"

Enghreifftiau
- Ble mae Twm?
- Mae'r Nadolig ym mis Rhagfyr.

Rhowch briflythrennau yn y mannau cywir.

1. oes lluniau yn y llyfr?
2. mae dewi yn byw yma.
3. roedd mwnci yn sw bryste.
4. gwelais aled yn llundain.
5. ydy dy ben-blwydd di ym mis ionawr?
6. "helo alex," dywedodd wiliam. "wyt ti wedi cael wyau pasg eleni? ces i un gan nain dydd sadwrn ac un arall gan anti meg y bore 'ma".

Atalnod llawn a gofynnod

Mae'n rhaid gorffen pob brawddeg ag atalnod llawn (.).

Mae'n rhaid gorffen pob cwestiwn â gofynnod (?).

Enghreifftiau
- Roedd y llyfr ar y silff.
- Oes sw yn Aberystwyth?

Rhowch atalnod llawn (.) neu ofynnod (?) ar ddiwedd pob llinell.

1. Ble mae'r ci
2. Dyma'r llyfr
3. Wyt ti'n mwynhau
4. Mae hi'n hapus
5. Roedd llun ar y wal
6. Pwy sydd wedi ennill y ras
7. Mae fy hoff raglen ar y teledu heno
8. Maen nhw'n chwarae yn y parc
9. Darllenais i'r llyfr yn y gwely neithiwr
10. Wyt ti'n chwarae yn y gêm heno

Gwella'r Gair | Ebychnod

Mae'n rhaid defnyddio ebychnod (!):

- i ddangos syndod
- i ddangos cyffro neu densiwn
- i ychwanegu pwyslais
- ar ddiwedd gorchymyn.

Enghreifftiau
- Rwyt ti wedi ennill!
- Gwych!
- Eisteddwch yn dawel!

Mae angen ebychnod yn lle atalnod llawn mewn rhai o'r llinellau yma. Rhowch ebychnod yn y mannau mwyaf addas.

1. Paid â bod mor ffôl.
2. Rwy'n hoffi'r cymeriadau yn y stori.
3. Cyrhaeddodd y trên am ddeg o'r gloch.
4. Waw. Rwyt ti'n lwcus iawn.
5. Cerddwch ar y chwith.
6. Rwy'n hoffi chwarae pêl-droed.
7. Ust. Oes rhywun yno?
8. Dyma fy nghot i.
9. Gwelaist ti'r lleidr.
10. Darllenais i'r llyfr ddoe.

Atalnod (i) | Gwella'r Gair

> Mae atalnod yn dweud bod angen i ni gymryd saib fer.
>
> Mae atalnod yn cael ei ddefnyddio rhwng pob eitem mewn rhestr.
>
> Does dim atalnod o flaen y cysyllteiriau **a**, **ac**, **neu**, **na**.
>
> **Enghreifftiau**
> - Gwisgais got, het a menig achos roedd hi'n oer.
> - Mae'n rhaid gwisgo trowsus llwyd, crys glas ac esgidiau du i'r ysgol.

Ychwanegwch atalnodau lle mae angen.

1. Wyt ti eisiau banana melon neu afal?
2. Mae gen i gi cath a dwy gwningen.
3. Roedd hi'n wlyb yn oer ac yn wyntog.
4. Gwelon nhw fwnci cangarŵ a llew yn y sw.
5. Doedd dim ffrwythau llysiau na llaeth yn y siop.
6. Mae hi'n dal yn denau ac yn hardd iawn.
7. Doedd dim pasta tatws na sglodion i ginio heddiw.
8. Roedd e'n garedig yn hael ac yn ffrind ardderchog.
9. Dw i ddim yn mynd i'r clwb nos Lun nos Fawrth na nos Iau.
10. Mae'n rhaid i ni ddarllen gwrando ymateb ac ysgrifennu yn y dosbarth.

Gwella'r Gair | Atalnod (ii)

> Mae'n rhaid defnyddio atalnod cyn cau dyfynodau, heblaw mewn cwestiwn, e.e.
>
> "Fydda i ddim yn hwyr," gwaeddodd Toby.
>
> "Fyddi di'n hwyr?" gofynnodd Toby.
>
> Mae angen atalnod o flaen dyfynodau, e.e.
>
> Dywedodd y pennaeth, "Bydd gwyliau'r haf yn dechrau fory."
>
> Mae atalnod yn gallu newid ystyr brawddeg, e.e.
>
> Prynais lyfr, oren, afal a phensil yn y siop.
>
> Prynais lyfr oren, afal a phensil yn y siop.
>
> Mae atalnod yn cael ei ddefnyddio i dorri brawddeg yn ddarnau byrrach pan fydd llawer o wybodaeth yn cael ei rhoi, e.e.
>
> Sleifiodd y ferch, a oedd yn gwisgo ffrog binc ac esgidiau du, allan o'r ystafell.

Ychwanegwch atalnodau lle mae angen.

1. "Dyma dy lyfr di" meddai'r athro.
2. Clywais hi'n gofyn "Ble mae'r ffrwythau?"
3. "Byddwn ni yn yr ysgol erbyn naw" dywedais i.
4. Dywedodd "Bydd yr ysgol yn cau'n gynnar yfory."
5. Dywedodd fy nhad "Gwisga dy got cyn mynd i'r ysgol."
6. "Hoffwn i gael pasta i ginio heddiw" meddai fy mrawd bach.
7. Roedd llun a oedd wedi ei beintio gan Aneirin Jones ar y wal.
8. Gofynnodd y gyrrwr "Ble mae Ysgol y Pant os gwelwch yn dda?"
9. Daeth y plismon a welodd y ddamwain i'r ysgol i siarad â'r plant.
10. Cerddodd yr athrawes a oedd wedi gwisgo fel môr-leidr i mewn i'r dosbarth.

Dyfynodau | Gwella'r Gair

> Mae'n rhaid defnyddio dyfynodau o gwmpas rhywbeth mae rhywun yn ei ddweud.
>
> Mae'n rhaid dechrau llinell newydd bob tro mae rhywun newydd yn siarad.
>
> Mae'n rhaid defnyddio atalnod o flaen y dyfynodau yng nghanol brawddeg.
>
> Mae'n rhaid defnyddio priflythyren ar ddechrau dyfyniad.
>
> **Enghreifftiau**
> - "Brysia neu colli di'r bws," dywedodd Mam.
> - Gwaeddodd Ben, "Cicia'r bêl i mewn i'r gôl!"
>   "Rwy'n gwneud fy ngorau," atebodd Heti.

Ychwanegwch ddyfynodau lle mae angen. Does dim angen dyfynodau ym mhob llinell.

1. Ble mae dy fag di? gofynnodd fy mam.
2. Mae cinio'n barod, gwaeddodd Nain.
3. Dyma fy mhensil, atebais i.
4. Welaist ti'r ffilm? gofynnais i.
5. Dywedodd ei fod yn mynd ar ei wyliau fory.
6. Rwyt ti wedi bod yn dda iawn heddiw, dywedodd y nyrs.
7. Ddarllenaist ti'r llyfrau natur neithiwr? gofynnodd.
8. Dywedodd fod chwant bwyd arno.
9. Clywais dy fod ti wedi sgorio gôl neithiwr, meddai.
10. Gofynna i dy fam am arian poced, awgrymodd Twm.

Gwella'r Gair | Collnod

> Mae collnod neu sillgoll yn dangos bod llythyren neu lythrennau ar goll.
>
> **Enghreifftiau**
> - Mae canu'n hwyl. (Mae canu yn hwyl)
> - Mae'r plant yn gwisgo trowsus llwyd, crys glas ac esgidiau du i'r ysgol. (i yr ysgol)

Mae un collnod ar goll o bob llinell. Rhowch y collnod yn y lle cywir.

1. Ble maer anrheg?
2. Rwyn hoffi canu.
3. Maen oer heddiw.
4. Pwy syn hwyr heddiw?
5. Dymar wobr enillais i.
6. Daeth maer y dref ir ysgol.
7. Maen nhw wedi mynd ir ffair.
8. Roedd y pensiliau ar papur ar y ddesg.
9. Maen dawel yma achos maen nhw wedi mynd allan.
10. Maer plant yn edrych yn syn ar y sgrîn.

Cysyllteiriau

'a' / 'ac' | **Gwella'r Gair**

Mae'n rhaid defnyddio:
- **a** o flaen cytsain
- **ac** o flaen llafariad.

Enghreifftiau
- oren ac afal
- Gwyliais i'r teledu a gwnes i fy ngwaith cartref.

Rhowch **a** neu **ac** yn lle pob +.

1. coch + glas
2. cardiau + anrhegion
3. tai + ysgolion
4. pêl-droed + rygbi
5. darllen + ysgrifennu
6. Rwy'n hoffi bwyta afal + oren.
7. Roedd llew + eliffant yn y sw.
8. Mae lluniau + llyfrau yn y dosbarth.
9. Mae teledu + bwrdd gwyn yn yr ystafell.
10. Roedd hi'n peintio ffenest + drws y tŷ bach twt.

> Ydych chi'n cofio pa lythrennau ydy'r llafariaid a pha rai ydy'r cytseiniaid? Ewch i'r adran *Sgiliau Geiriadur* i atgoffa'ch hun.

Gwella'r Gair — 'neu'

Cofiwch fod treiglad meddal yn dilyn **neu** pan mae dewis rhwng dau beth, e.e. Oes ci neu gath gennyt ti?

Ysgrifennwch y gair yn lle'r llun.

Ydych chi'n cofio pa lythrennau sy'n treiglo'n feddal?

Ewch i adran *Y Treigladau* i atgoffa'ch hun.

1. ci neu

2. soffa neu

3. llyfr neu

4. caws neu

5. cig neu

6. Cafodd pob plentyn laeth neu  .

7. Hoffwn i gael hufen iâ neu  .

8. Beth wyt ti eisiau – sglodion neu  ?

9. Mae hi eisiau tyfu llysiau neu yn yr ardd.

10. Roedd hi'n cael gwisgo sgert neu  i'r ysgol.

Cysyllteiriau amser | Gwella'r Gair

> Mae cysyllteiriau amser yn ein helpu i roi trefn ar ein gwaith.
>
> Dyma rai cysyllteiriau amser defnyddiol:
>
> - nesaf
> - yna
> - wedyn
> - yn y diwedd
>
> - yn gyntaf
> - yn ail
> - yn drydydd
> - yn olaf
>
> **Cofiwch!** Fel arfer, mae atalnod ar ôl yr ymadroddion hyn os ydyn nhw'n dod ar ddechrau neu yng nghanol brawddeg.

Aildrefnwch y geiriau a'r ymadroddion i wneud brawddegau synhwyrol.

Cofiwch roi priflythyren ar ddechrau'r frawddeg ac atalnod llawn ar ei diwedd.

1. byddwn ni'n   nesaf,   mynd allan i chwarae
2. yn y diwedd,   ffidl yn y to   rhoddais i'r
3. bydd y pennaeth   yn drydydd,   yn siarad â chi
4. ac yna,   agorwch eich llyfrau   yn gyntaf,   ysgrifennwch y dyddiad
5. mwynhewch   ac yn olaf   yn gyntaf   gnewch eich gorau

Ysgrifennwch baragraff trefnus i gynnwys pum cysylltair amser.

Gwella'r Gair | Cysyllteiriau achos a chanlyniad

> Mae cysyllteiriau achos a chanlyniad yn help i esbonio pethau.
>
> Dyma rai cysyllteiriau achos a chanlyniad defnyddiol:
>
> - oherwydd
> - achos
> - felly

Defnyddiwch gysyllteiriau achos a chanlyniad i orffen y brawddegau yma. Mae'n rhaid i chi ddefnyddio pob ymadrodd o leiaf ddwywaith.

1. Es i allan ...
2. Gwisgais got ...
3. Roedd hi'n sâl ...
4. Roeddwn i'n wlyb ...
5. ... es i i'r gwely.
6. Roedd fy rhieni'n grac iawn ...
7. Roedden nhw ar ben eu digon ...
8. ... roedd damwain ar y ffordd.
9. ... iddyn nhw golli'r gêm.
10. ... roeddwn i wrth fy modd.

Enwau

Treiglo ar ôl 'y' a ''r' | Gwella'r Gair

> Mae enwau benywaidd unigol yn treiglo'n feddal ar ôl **y** a **'r**, e.e.
>
> Mae'r **f**erch yn eistedd ar y **g**adair.
>
> Dydy **y** a **'r** ddim yn achosi treiglad i enwau lluosog, e.e.
>
> Mae'r **m**erched yn eistedd ar y **c**adeiriau.

Yn yr ail golofn, ysgrifennwch **eg**, **eb** neu **ell** wrth ochr pob enw.

Yn y drydedd golofn, ysgrifennwch yr enw ar ôl **y**.

Gwnewch frawddeg i gynnwys yr ymadrodd sydd yn y golofn olaf.

Cofiwch ddefnyddio'r geiriadur i'ch helpu.

Ydych chi'n cofio pa lythrennau sy'n treiglo'n feddal?

Ewch i adran Y Treigladau i atgoffa'ch hun.

Enw	eg/eb/ell	y ...
merch	eb	y ferch
bachgen	eg	y bachgen
merched	ell	y merched
1. bwrdd gwyn		
2. teledu		
3. cadair		
4. cot		
5. llyfrau		
6. cathod		
7. esgid		
8. darlun		
9. calon		
10. ffenestri		

Gwella'r Gair | 'hwn', 'hon' a 'hyn'

> Ar ôl enwau benywaidd, rydyn ni'n gallu rhoi **hon**,
> e.e. y ddesg **hon**.
>
> Ar ôl enwau gwrywaidd, rydyn ni'n gallu rhoi **hwn**,
> e.e. y bwrdd **hwn**.
>
> Ar ôl enwau lluosog, rydyn ni'n gallu rhoi **hyn**,
> e.e. y cadeiriau **hyn**.

Rhowch **hwn**, **hon** neu **hyn** yn y bylchau.

1. y got _____
2. y dynion _____
3. yr arth _____
4. y mis _____
5. yr anifeiliaid _____
6. Mae'r papur _____ yn hen.
7. Mae'r siwmper _____ yn rhy fach.
8. Roedd y ddafad _____ yn sâl iawn.
9. Byddwch chi'n chwarae ar y caeau _____.
10. Mae'r goleuadau _____ yn llachar iawn.

Rhifolion gydag enwau benywaidd

> Mae'n rhaid defnyddio rhifolion benywaidd gydag enwau benywaidd.
>
> 2   dwy, e.e. dwy ysgol
>
> 3   tair, e.e. tair dol
>
> 4   pedair, e.e. pedair merch
>
> Cofiwch, mae **dwy** yn achosi treiglad meddal, e.e. dwy **dd**ol.
>
> Does dim treiglad yn dilyn **tair** a **pedair.**

Rhowch eiriau yn lle'r ffigyrau. Cofiwch dreiglo'r gair nesaf os oes angen.

Ydych chi'n cofio pa lythrennau sy'n treiglo'n feddal? Ewch i adran Y Treigladau i atgoffa'ch hun.

1. Mae 2 chwaer gen i.
2. Roedd 3 ysgol yn y dref.
3. Mae 4 desg wrth y wal.
4. Roedd 3 cadair yn y tŷ dol.
5. Mae 2 dol yn y pram.
6. Mae 4 athrawes yn y dosbarth.
7. Roedd 2 merch ar y bws.
8. Mae 2 tudalen ar ôl yn y llyfr darllen.
9. Roedd 3 cadair ac 1 bwrdd yn yr ystafell.
10. Bydd 2 llwy de ar y plât.

Gwella'r Gair | 'dau' a 'dwy'

> Cofiwch, mae'n rhaid defnyddio:
> - **dau** o flaen enw gwrywaidd
> - **dwy** o flaen enw benywaidd.
>
> Mae treiglad meddal yn dilyn **dau** a **dwy**,
>
> e.e. dau **f**achgen a dwy **f**erch.

Rhowch eiriau yn lle'r ffigyrau. Cofiwch dreiglo'r gair nesaf os oes angen.

1. 2 oen
2. 2 hwyaden
3. 2 eliffant
4. 2 alarch
5. 2 anifail anwes
6. 2 cath
7. 2 ci
8. 2 cwningen
9. 2 mochyn
10. 2 llygoden

> Ydych chi'n cofio pa lythrennau sy'n treiglo'n feddal?
>
> Ewch i adran *Y Treigladau* i atgoffa'ch hun.

'tri' a 'tair' | Gwella'r Gair

Cofiwch, mae'n rhaid defnyddio:
- **tri** o flaen enw gwrywaidd
- **tair** o flaen enw benywaidd.

Mae treiglad llaes yn dilyn **tri**, e.e. tri **ch**effyl.
Does dim treiglad yn dilyn **tair**.

Rhowch eiriau yn lle'r ffigyrau. Cofiwch dreiglo'r gair nesaf os oes angen.

1. 3 afal
2. 3 taten
3. 3 oren
4. 3 wy
5. 3 torth
6. 3 lemwn
7. 3 pysgodyn
8. 3 coeden afalau
9. 3 rhes o datws
10. 3 cwpan

Ydych chi'n cofio pa lythrennau sy'n treiglo'n llaes?

Ewch i adran *Y Treigladau* i atgoffa'ch hun.

Gwella'r Gair | 'pump' a 'chwech'

> Wrth ddefnyddio'r rhifau **pump** a **chwech** o flaen enwau, byddan nhw'n newid i **pum** a **chwe**, e.e.
>
> 5 cadair = **pum** cadair
>
> 5 merch = **pum** merch
>
> 6 bwrdd = **chwe** bwrdd
>
> Mae treiglad llaes yn dilyn **chwe**, e.e. chwe **ch**effyl.

Ydych chi'n cofio pa lythrennau sy'n treiglo'n llaes?

Ewch i adran Y Treigladau i atgoffa'ch hun.

Rhowch eiriau yn lle'r ffigyrau ac yna eu rhoi mewn brawddegau. Cofiwch dreiglo'r gair nesaf os oes angen.

1. 5 dafad
2. 6 taflen
3. 5 cath
4. 6 pensil
5. 6 bachgen
6. 5 cwpan
7. 6 ci
8. 5 bag
9. 6 tîm
10. 5 cystadleuaeth

Lluosog enwau (i) | Gwella'r Gair

> Yn aml, mae rhoi terfyniad ar ddiwedd enw yn ffurfio'r lluosog. Y terfyniadau rydyn ni'n eu gweld amlaf yw:
> - -au, e.e. cae > caeau
> - -iau, e.e. desg > desgiau
> - -oedd, e.e. mynydd > mynyddoedd
> - -od, e.e. cath > cathod
> - -on, e.e. meddyg > meddygon
> - -ion, e.e. tywel > tywelion
> - -i, e.e. tref > trefi
> - -ydd, e.e. heol > heolydd

Beth yw lluosog yr enwau yma?

1.	disgybl	
2.	afal	
3.	pont	
4.	esgid	
5.	ystafell	
6.	baner	
7.	crwban	
8.	awel	
9.	desg	
10.	eglwys	

Gwella'r Gair | Lluosog enwau (ii)

Dyma enghreifftiau eraill o sut mae modd gwneud y lluosog:

- newid rhywbeth yng nghanol y gair, e.e. car > ceir
- newid rhywbeth yn y terfyniad, e.e. cwningen > cwningod
- cael gwared ar y terfyniad, e.e. pysgodyn > pysgod
- newid rhywbeth yng nghanol y gair a newid rhywbeth yn y terfyniad, e.e. capten > capteiniaid

Newidiwch bob gair sydd wedi ei danlinellu i'r lluosog.

1. Mae <u>cadair</u> yma.
2. Ble mae'r <u>plentyn</u>?
3. Roedd <u>deilen</u> ar y lawnt.
4. Roedd <u>cawr</u> yno.
5. Roedd e'n golchi ei <u>droed</u>.
6. Roedd fy <u>mrawd</u> yn Abertawe.
7. Mae <u>twll</u> yn y <u>llawr</u>.
8. Roedd <u>aderyn</u> yn y <u>clawdd</u>.
9. Welaist ti'r <u>cwch</u> yn yr <u>amgueddfa</u>?
10. Mae'r <u>athro</u> a'r <u>bachgen</u> ar y cae chwarae.

Ansoddeiriau

Beth yw ansoddair? | Gwella'r Gair

Gair sy'n disgrifio yw **ansoddair**, e.e.

mawr   bach   hapus   trist   glas   newydd

Tanlinellwch yr ansoddeiriau.

1. bachgen hapus
2. bwyd blasus
3. tywydd oer
4. anifail gwyllt
5. dosbarth swnllyd
6. Rydw i'n gwisgo trowsus du i'r ysgol.
7. Mae'r athrawes yn garedig iawn.
8. Mae plant da iawn yn y dosbarth.
9. Maen nhw'n gwneud gwaith ardderchog bob amser.
10. Pwy yw'r bachgen newydd?

Gwella'r Gair | 'yn' + ansoddair

Yn aml iawn, rydyn ni'n defnyddio **yn** o flaen ansoddair, e.e.

Mae'r dosbarth **yn swnllyd**. Roedd y ffilm **yn gyffrous.**

Mae'r ysgol **yn fawr**. Bydd hi**'n wlyb** yfory.

Mae ansoddeiriau sy'n dechrau gyda **p, t, c, b, d, g, m** yn treiglo'n feddal ar ôl **yn** ond dydy geiriau sy'n dechrau gyda **ll** a **rh** ddim yn treiglo, e.e.

Mae'r trowsus yn llwyd. Mae'r llun yn rhyfedd.

Ysgrifennwch yr ansoddair yn gywir yn y bylchau isod.

1. Mae'r ysgol yn _____. (mawr)
2. Mae'r ffilm yn _____. (cyffrous)
3. Mae'r dosbarth yn _____. (gwych)
4. Mae'r gacen yn _____. (melys)
5. Mae'r bwyd yn _____. (blasus)
6. Roedd hi'n _____ iawn ddoe. (poeth)
7. Rydw i'n hoffi'r llyfr achos mae'n _____. (diddorol)
8. Mae'r ffilm yn ardderchog achos mae'n _____. (doniol)
9. Dydw i ddim yn hoffi'r stori achos mae'n _____. (trist)
10. Mae'r llun yn wych achos mae'n _____ iawn. (lliwgar)

Ydych chi'n cofio sut mae'r llythrennau'n newid? Ewch i adran Y Treigladau i atgoffa'ch hun.

Enw ac ansoddair | Gwella'r Gair

> Fel arfer, mae ansoddair yn dod **ar ôl** enw, e.e.
>
> tŷ mawr   anifail gwyllt   trowsus du

Ysgrifennwch yr ansoddair mwyaf addas yn y bylchau isod.

| du | blasus | da | lliwgar | diddorol |

1. Rydw i'n gwisgo trowsus _____ i'r ysgol.
2. Rydyn ni'n gwneud gwaith _____.
3. Weithiau, rydyn ni'n gwneud lluniau _____.
4. Rydyn ni'n cael cinio _____ bob dydd.
5. Mae gen i ffrindiau _____. / Mae ffrindiau _____ gyda fi.

| hir | crwn | blewog | pinc | mawr |

6. Mae Manon yn byw mewn tŷ _____.
7. Mae gan Manon gi _____. / Mae ci _____ gyda Manon.
8. Mae gan y ci ben _____. / Mae pen _____ gyda'r ci.
9. Mot yw enw'r ci ac mae e'n hoffi mynd am dro _____ yn y goedwig.
10. Pan mae hi'n bwrw glaw, mae Mot yn gwisgo bŵts _____ i fynd allan. Bobl bach!

Gwella'r Gair | Enwau benywaidd

Mae'r enwau yma i gyd yn fenywaidd ac yn unigol:

merch   cath   pêl   ffrog   cadair

Os ydych chi'n defnyddio ansoddair **ar ôl enw benywaidd unigol***, mae'r treiglad meddal yn digwydd, e.e.

merch **f**ach   cath **dd**u   pêl **l**wyd   ffrog **b**inc   cadair **f**awr

Os dydych chi ddim yn siŵr ydy'r enw'n fenywaidd neu'n wrywaidd, edrychwch mewn geiriadur.

* Does dim treiglad ar ôl geiriau gwrywaidd na geiriau lluosog.

Ydych chi'n cofio sut mae'r llythrennau'n newid?

Ewch i adran *Y Treigladau* i atgoffa'ch hun.

Llenwch y bylchau.

		gwrywaidd	benywaidd
1.	bywiog	bachgen bywiog	merch fywiog
2.	tew	tarw _____	buwch _____
3.	bach	ci _____	cath _____
4.	diddorol	llyfr _____	ffilm _____
5.	lliwgar	llun _____	ffrog _____

6. Pwy sydd eisiau eistedd ar y gadair _____ ? (coch)
7. Caewch y ffenest _____ os gwelwch yn dda. (mawr)
8. Diolch am helpu Efa – rwyt ti'n ferch _____ iawn. (caredig)
9. Mae Miss Jones yn athrawes _____. (gwych)
10. Rydw i'n cael brechdan _____ i ginio bob dydd. (blasus)

Gwella'r Gair | Gwahanol!

> Fel arfer, mae ansoddeiriau'n dod ar ôl enw ond mae rhai'n dod o flaen enw, e.e.
>
> hen   prif   hoff
>
> Os ydy hyn yn digwydd, mae'r enw sy'n dilyn yr ansoddair yn treiglo'n feddal.
>
> Edrychwch ar yr **hen l**un yma.
>
> Cenhinen Bedr yw **prif f**lodyn Cymru.
>
> Dŵr ydy **hoff dd**iod y dosbarth.

Ydych chi'n cofio sut mae'r llythrennau'n newid? Ewch i adran Y Treigladau i atgoffa'ch hun.

Llenwch y bylchau yn y brawddegau hyn.

1. Mathemateg yw fy _____ _____. (hoff + gwers)
2. Pizza yw _____ _____ Dad. (hoff + bwyd)
3. Mae Nain yn gyrru _____ _____. (hen + car)
4. Mae Mam-gu'n byw mewn _____ _____. (hen + byngalo)
5. Mae _____ _____ yn y dref. (hen + tŷ)
6. Te ydy _____ _____ Mam. (hoff + diod)
7. Cai yw'r _____ _____ yn y stori. (prif + cymeriad)
8. Tara ydy _____ _____ Ysgol y Waun eleni. (prif + merch)
9. Mae _____ _____ 'r ysgol wedi cau heddiw. (prif + mynedfa)
10. Ydych chi'n gwybod pwy yw _____ _____ Cymru? (prif + gweinidog)

Geiriau bach defnyddiol | **Gwella'r Gair**

Rydyn ni'n gallu defnyddio'r geiriau bach yma gydag ansoddeiriau:

> Geiriau sy'n mynd **o flaen** yr ansoddair:
>
> eitha   braidd yn
>
> hynod o* ...   andros o* ...   eithriadol o* ...

Mae'r llyfr yn **eitha** diddorol.

Mae'r ffilm **braidd yn** drist.

Mae John yn **andros o** garedig.

> Geiriau sy'n mynd **ar ôl** yr ansoddair:
>
> iawn   dros ben   tu hwnt

Mae'r bwyd yn flasus **dros ben**.

Roedd y ffilm yn ddiddorol **tu hwnt**.

* Mae ansoddair yn treiglo'n feddal ar ôl **o**:

   hynod o **g**aredig

   andros o **g**yfeillgar

   eithriadol o **b**rysur

> Ydych chi'n cofio sut mae'r llythrennau'n newid?
>
> Ewch i adran *Y Treigladau* i atgoffa'ch hun.

Defnyddiwch y geiriau yn y bocs ar y dudalen flaenorol gyda'r ansoddeiriau yn y brawddegau hyn.

1. Mae'r gwaith yn anodd.
2. Mae hi'n oer heddiw.
3. Roedd hi'n boeth ddoe.
4. Mae Mam yn garedig.
5. Bydd y daith ysgol yn gyffrous.
6. Byddwn ni'n gweld pethau diddorol.
7. Dyma ddeinosor mawr.
8. Rydyn ni'n hapus.
9. Mae gen i ginio blasus. / Mae cinio blasus gyda fi.
10. Mae'r athrawes yn ddiddorol.

'rhy' | Gwella'r Gair

Rydyn ni'n gallu defnyddio **rhy** gydag ansoddeiriau.

Mae'r gair bach hwn yn achosi treiglad meddal, e.e.

Mae'r esgidiau yma'n **rhy f**ach.   Mae'r ffilm yn **rhy d**rist.

Ydych chi'n cofio sut mae'r llythrennau'n newid?
Ewch i adran *Y Treigladau* i atgoffa'ch hun.

Llenwch y bylchau, e.e.

1. Mae'r crys T yn _____ _____.

2. Mae'r crys T yn _____ _____.

3. Mae'r bêl yn _____ _____.

£15

4. Mae'r tywydd yn
_____
_____.

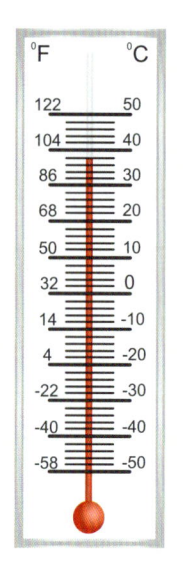

5. Mae'r tywydd yn
_____
_____.

Cywirwch y brawddegau hyn.

6. Mae'r trowsus yna'n rhy byr.
7. Stopiais i wylio'r ffilm achos roedd y stori'n rhy diflas.
8. Wyt ti'n meddwl bod y pwdin yn rhy melys?
9. Bydd hi'n rhy gwlyb i fynd i'r traeth y prynhawn yma.
10. Mae'r gerddoriaeth yn rhy tawel.

Cymharu 'mor … â …' | Gwella'r Gair

Rydyn ni'n defnyddio **mor** … **â** … i gymharu dau beth sydd yr un fath.

Dyma ddau efaill. Maen nhw'r un fath.

Mae treiglad meddal ar ôl **mor**. Ond dydy geiriau sy'n dechrau gyda **ll** a **rh** ddim yn treiglo.

Rhodri | Mae Rhodri mor **d**al â Rhys. | Rhys
Mae Rhys mor **f**awr â Rhodri.

Llenwch y bylchau.

1. mor _____ â glo (du)
2. mor _____ ag eira (gwyn)
3. mor _____ â gwaed (coch)
4. mor _____ â'r haul (crwn)
5. mor _____ â'r môr (glas)

Ydych chi'n cofio sut mae'r llythrennau'n newid?
Ewch i adran *Y Treigladau* i atgoffa'ch hun.

Sali   Siwsi

6. Mae Siwsi mor _____ â Sali. (mawr)
7. Mae Sali mor _____ â Siwsi. (tenau)
8. Mae Sali _____ _____ _____ Siwsi. (bywiog)
9. Mae Siwsi _____ _____ _____ Sali. (blewog)
10. Mae Sali _____ _____ _____ Siwsi. (drygionus)

Gwella'r Gair | Cymharu: 'yn __ - ach na ...' 'yn fwy __ na ...'

I gymharu dau beth sy'n wahanol, gallwch chi ddefnyddio:

yn __ -ach na **yn fwy __ na**

(i'w ddefnyddio gyda geiriau byr) (i'w ddefnyddio gyda geiriau hir)

Mae'r car coch **yn harddach na'r** car glas.

Mae'r car glas **yn fwy cyfforddus na**'r car coch.

Cofiwch: mae ansoddeiriau sy'n dechrau gyda **p, t, c, b, d, g, m** yn treiglo'n feddal ar ôl **yn** ond dydy geiriau sy'n dechrau gyda **ll** a **rh** ddim yn treiglo.

Llenwch y bylchau am y ddau gar.

1. Mae'r car glas yn _____ na'r car coch. (glân)
2. Mae'r car coch yn _____ na'r car glas. (brwnt / budr)
3. Mae'r car glas yn _____ na'r car coch. (sgleiniog)
4. Mae'r car coch yn _____ na'r car glas. (cyffrous)
5. Mae'r car glas yn _____ na'r car coch. (araf)

Llenwch y bylchau am ddwy dorth o fara.

6. Mae'r bara brown yn _____ na'r bara gwyn. (hir)
7. Mae'r bara brown yn _____ na'r bara gwyn. (melys)
8. Mae'r bara brown yn _____ na'r bara gwyn. (sych)
9. Mae'r bara gwyn yn _____ na'r bara brown. (meddal)
10. Mae'r bara brown yn _____ na'r bara gwyn. (blasus)

> Ydych chi'n cofio sut mae'r llythrennau'n newid?
>
> Ewch i adran Y Treigladau i atgoffa'ch hun.

Cymharu: 'y / yr __ af' | **Gwella'r**
'y mwyaf __' | **Gair**

Weithiau, wrth gymharu, rydyn ni eisiau tynnu sylw at un yn arbennig. Dyma'r patrwm:

y / yr __af	**y mwyaf __**
(i'w ddefnyddio gyda geiriau byr)	(i'w ddefnyddio gyda geiriau hir)
y glan**af**	**y mwyaf** doniol
yr hardd**af**	**y mwyaf** diddorol

Y car coch yw'r cyflymaf, y car glas yw'r mwyaf cyfforddus ond y car melyn yw'r harddaf.

43

Edrychwch ar y llun a'r wybodaeth isod ac atebwch y cwestiynau mewn brawddegau.

Lyn	Jac	Erin
rhedeg 100 metr mewn 18 eiliad	rhedeg 100 metr mewn 17 eiliad	rhedeg 100 metr mewn 16 eiliad

1. Pwy yw'r talaf?
2. Pwy yw'r byrraf?
3. Pwy yw'r cyflymaf?
4. Pwy yw'r arafaf?
5. Pwy yw'r cryfaf?
6. Dillad pwy yw'r mwyaf lliwgar?
7. Esgidiau pwy yw'r mwyaf llachar?
8. Pwy yw'r mwyaf ffasiynol yn eich barn chi?
9. Pwy yw'r mwyaf heini?
10. Gwallt pwy yw'r tywyllaf?

Cymharu ansoddeiriau: y rhai afreolaidd | Gwella'r Gair

Dydy pob ansoddair ddim yn dilyn yr un patrwm. Dyma rai o'r rhai afreolaidd (gwahanol).

bach	mor fach â	yn llai na	(y) lleiaf
	cyn lleied â		
mawr	mor fawr â	yn fwy na	(y) mwyaf
	cymaint â		(y) fwyaf
da	cystal â	yn well na	(y) gorau
			(yr) orau
drwg	cynddrwg â	yn waeth na	(y) gwaethaf
			(y) waethaf

Dewiswch y geiriau cywir i lenwi'r bylchau.

mor fawr	llai	well	mwyaf	fwy

1. Mae fy nghi i _____ _____ â dafad.

2. Mae Pero yn ufudd iawn – mae'n _____ na Mot.

3. Y morfil glas yw'r anifail _____ yn y byd.

4. Mae eliffant yn _____ na llygoden.

5. Mae llygoden yn _____ na rhinoseros.

| waeth | gwaethaf | cystal | gorau | well |

6. Mae ffrwythau'n _____ i chi na sglodion.

7. Mae eistedd o flaen y teledu drwy'r nos yn _____ i chi na nofio.

8. Dyma'r pizza _____ dw i erioed wedi ei flasu. Mae'n ofnadwy! Ych a fi!

9. Iolo yw'r _____ yn y tîm am sgorio goliau.

10. Mae'r ddau lun yma _____ â'i gilydd.

Mae'r ansoddeiriau yma ychydig yn wahanol oherwydd dydy pob ansoddair ddim yn dilyn yr un patrwm.

byr	mor fyr â	yn fyrrach na	(y) byrraf
			(y) fyrraf
drud	mor ddrud â	yn ddrutach na	(y) drutaf
			(y) ddrutaf
hen	mor hen â	yn hŷn na / yn henach na	(yr) hynaf
ifanc	mor ifanc â	yn iau na / yn ifancach na	(yr) ieuengaf / (yr) ifancaf
rhad	mor rhad â	yn rhatach na	(y) rhataf
tenau	mor denau â	yn deneuach na	(y) teneuaf
			(y) deneuaf
trwm	mor drwm â	yn drymach na	(y) trymaf
			(y) drymaf

Llenwch y bylchau.

1. Mae Jo yn _____ na'i chwaer. (byr)

2. Mae Rhys mor _____ â gwialen bysgota. (tenau)

3. Mae Taid yn _____ na Nain. (hen)

4. Mae'r gêm yma'n _____ na'r gêm yna. (drud)

5. Mae eliffant yn _____ na llygoden. (trwm)

6. Mae Lisa yn 9 oed ac mae Cai yn 8. Mae Cai yn _____ na Lisa. (ifanc)

7. Mae Miriam yn 10 oed. Hi yw'r _____. (hen)

8. Mae'r siocled yma saith ceiniog yn _____ na'r siocled yna. (drud)

9. Mae hwn yn _____ na hwnna. (rhad)

10. Pa anifail yw'r _____ yn y byd? (trwm)

Adferfau

Gwella'r Gair | Beth yw adferf?

Mae **adferf** yn disgrifio berf. Mae'n dangos **sut** mae rhywun yn **gwneud** rhywbeth, e.e.

Berf + adferf

Mae Zac yn gweithio.   Mae Zac yn gweithio**'n hapus**.

Eisteddwch.   Eisteddwch **yn llonydd.**

Siaradodd Elis.   Siaradodd Elis **yn uchel.**

Tanlinellwch yr adferfau yn y brawddegau hyn.

1. Cerddwch yn araf.
2. Neidiwch yn uchel.
3. Bwytwch yn iach.
4. Rhuthrodd y dosbarth i mewn yn swnllyd.
5. Ciciodd Jac y bêl yn syth i mewn i'r rhwyd.

Cysylltwch y ddau hanner i greu brawddegau.

6.	Camodd o garreg i garreg	yn uchel ar draws bob man.
7.	Roedd hi'n canu	yn astud ar yr athrawes.
8.	Gwaeddodd y bachgen	yn ofalus er mwyn peidio â syrthio i mewn i'r afon.
9.	Gwrandawodd y dosbarth	yn hyderus i'r llwyfan i dderbyn y cwpan.
10.	Cerddodd y tîm	'n swynol iawn yn yr eisteddfod.

Sut i ffurfio adferf: 'yn' + ansoddair | Gwella'r Gair

I ffurfio adferf, defnyddiwch **yn + ansoddair** neu **'n + ansoddair**, e.e.

yn + cyflym Rhedodd i mewn i'r ystafell yn **g**yflym.

yn + tawel Cerddodd y plant i mewn yn **d**awel.

Mae ansoddair sy'n dechrau gyda **p, t, c, b, d, g, m** yn treiglo'n feddal, ond dydy ansoddeiriau sy'n dechrau gyda **ll** a **rh** ddim yn treiglo, e.e.

yn + llawen Cerddodd i mewn i'r ystafell yn **ll**awen.

Ydych chi'n cofio sut mae'r llythrennau'n newid? Ewch i adran Y Treigladau i atgoffa'ch hun.

Ysgrifennwch yr adferfau'n gywir yn y bylchau.

1. Mae'r tîm yn chwarae____ _____. ('n + da)
2. Ysgrifennwch ____ _____. (yn + taclus)
3. Peidiwch â rhedeg ____ _____. (yn + gwyllt)
4. Gwenodd y ferch ____ _____. (yn + caredig)
5. Canodd y côr ____ _____. (yn + gwych)
6. Roedd y tîm yn chwarae ____ _____ y llynedd. ('n + gwael)
7. Siaradodd y plant ____ _____ am y daith i lan y môr. (yn + cyffrous)
8. Dawnsiodd y plant ____ _____ yn y wers addysg gorfforol. (yn + bywiog)
9. Rhowch y llyfrau____ _____ ar y silff. ('n + trefnus)
10. "Pryd mae cinio?" gofynnodd ____ _____. (yn + llwglyd)

Rhagenwau

Gwella'r Gair | **Beth yw rhagenw?**

Weithiau rydyn ni'n defnyddio gair arall yn lle enw.

Rhagenw yw'r enw ar y gair yma ac mae'n dod mewn dwy ran.

Yn lle dweud 'llyfr Siân' rydyn ni'n gallu dweud 'ei llyfr hi' er mwyn amrywio'r brawddegau.

Dyma'r rhagenwau.

fy _____ i	ein _____ ni
dy _____ di	eich _____ chi
ei _____ e/o	eu _____ nhw

Cofiwch!
llyfr fi ☒   fy llyfr i ☑

Cysylltwch y ddau hanner i wneud un frawddeg neu gwestiwn.

1. Roedd fy | lluniau nhw?
2. Ble oedd dy | cyfrifiadur ni wedi torri.
3. Ble mae eu | chwaer i'n hwyr.
4. Mae ein | mam-gu hi?
5. Pwy yw ei | anifail anwes di?

6. Roedd dy | llun hi wedi ennill gwobr?
7. Ydy ei | storïau i.
8. Roedden nhw'n hwyr achos roedd eu | ffrwythau di yn yr oergell.
9. Roedd hi wedi blino ar fy | dillad newydd chi.
10. Mae e wedi gweld eich | car nhw wedi bod mewn damwain.

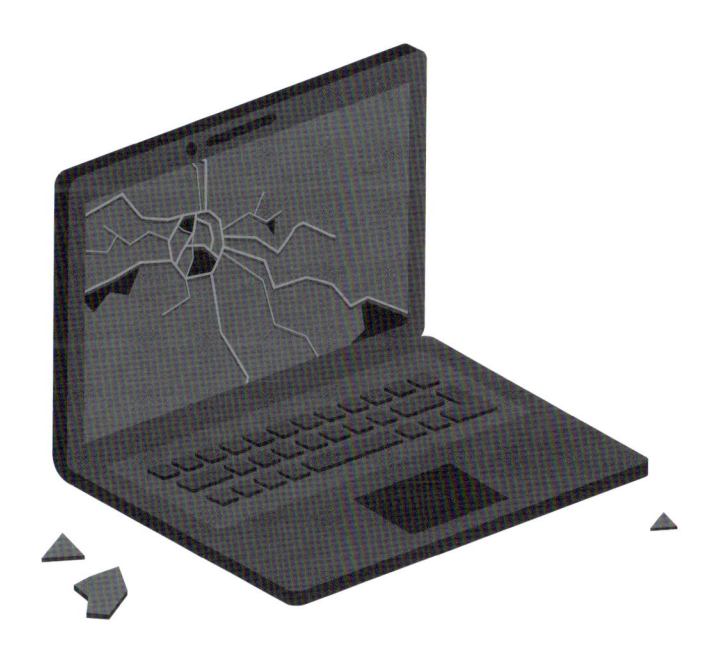

Gwella'r Gair | 'fy' + treiglad trwynol

Mae **fy** yn achosi treiglad trwynol, e.e.

fy **ngh**i i.

> Ydych chi'n cofio sut mae'r llythrennau'n newid?
> Ewch i adran *Y Treigladau* i atgoffa'ch hun.

Rhowch ffurf gywir y gair mewn cromfachau yn y bylchau.

1. fy _____ (tŷ) i
2. fy _____ (cadair) i
3. fy _____ (brawd) i
4. fy _____ (pensil) i
5. Roedd fy _____ (bwyd) i'n oer.
6. Welaist ti fy _____ (darlun) i?
7. Mae fy _____ (gardd) i'n fach iawn.
8. Wyt ti'n adnabod fy _____ (teulu) i?
9. Roedd fy _____ (taid) i yn hen iawn.
10. Mae fy _____ (cyfrifiadur) i wedi torri.

'dy' ac 'ei' gwrywaidd + treiglad meddal | Gwella'r Gair

Mae **dy** ac **ei** gwrywaidd yn achosi treiglad meddal, e.e.

- dy **d**eulu di
- ei **d**eulu e/o.

Ydych chi'n cofio sut mae'r llythrennau'n newid?
Ewch i adran *Y Treigladau* i atgoffa'ch hun.

Cywirwch y gwallau yn y brawddegau hyn. Mae'r pum gwall cyntaf wedi eu tanlinellu i chi.

1. Mae <u>ei tad o'n</u> dal.
2. Ble mae <u>ei car e</u>?
3. Ydy <u>dy brawd di</u> yma?
4. Pwy oedd <u>ei mam-gu e</u>?
5. Roedd <u>dy llun di</u> yn y papur.
6. Oedd e ar ei pen ei hun?
7. Wyt ti wedi clywed ei taid o'n canu?
8. Pryd mae dy cyfnither di'n dod yma?
9. Roedd e ar ben ei digon ar ôl iddo ennill y ras.
10. Byddaf yn gweld dy ci di ar y ffordd i'r ysgol bob bore.

Gwella'r Gair | 'ei' benywaidd + treiglad llaes

Mae **ei** benywaidd yn achosi treiglad llaes, e.e.

ei **ph**arot hi.

Ydych chi'n cofio sut mae'r llythrennau'n newid?

Ewch i adran *Y Treigladau* i atgoffa'ch hun.

Rhowch air yn lle'r llun.

1. ei [ceffyl] hi

2. ei [paent] hi

3. ei [telyn] hi

4. ei [cath] hi

5. ei [pêl] hi

6. Mae ei [pen] hi'n dost.

7. Mae ei [teledu] hi wedi torri.

8. Mae ei [parasiwt] hi'n enfawr.

9. Anghofiodd ei [tocyn] hi yn y car.

10. Roedd ei [crib] hi yn yr ystafell ymolchi.

'eu' lluosog | **Gwella'r Gair**

> Rydyn ni'n defnyddio **eu** lluosog pan rydyn ni'n siarad am fwy nag un peth neu fwy nag un person. Does dim treiglad yn dilyn **eu** lluosog.
>
> e.e. Rhaid i'r plant orffen **eu** gwaith.
>
> Mae'n rhaid i'r llyfrau gael **eu** tacluso.
>
> Rhaid cofio rhoi **h** ar ddechrau geiriau sy'n dechrau gyda llafariad os ydyn nhw'n dilyn **eu** lluosog.
>
> e.e. Mae'r dysgwyr yn hoffi eu **h**ysgol.
>
> Cofiwch, pan fydd **ei** neu **eu** yn dilyn **i**, bydd yn newid i **i'w**.
>
> e.e. Rhaid i Mari fynd **i'w** gwers.
>
> Rhedodd y plant **i'w** parti.

Darllenwch y brawddegau isod a llenwch y blychau gyda'r **ei** neu'r **eu** perthnasol. Cofiwch roi **h** ar ddechrau'r gair sy'n dilyn y rhagenw os oes angen.

1. Mae Dafydd ac Ela wedi gorffen darllen _____ llyfrau.
2. Anghofiodd Siwan _____ bag.
3. Gofynnodd Dewi am _____ pêl rygbi yn ôl.
4. Roedd y chwaraewyr yn dechrau colli _____ amynedd.
5. Ble gadawodd Ben _____ cot?
6. Mae'r athrawon yn flin gyda'r plant drwg am wastraffu _____ amser.
7. Bwytodd Siôn _____ brechdan yn gyflym.
8. Cerddodd Nima yn ôl i _____ tŷ cyn iddi dywyllu.
9. Anwybyddodd y plant _____ athrawes.
10. Ymchwiliodd Emyr i hanes _____ teulu.

Berfau

Gwella'r Gair | Y presennol: 'Rydw i …' / 'Rwyf i …' 'Rydyn ni …'

I sôn amdanoch chi'ch hun yn y presennol (nawr), defnyddiwch **Rydw i** neu **Rwyf i**, e.e.

Rydw i'n wyth oed.   Rwyf i'n wyth oed.
Rydw i'n mynd i Ysgol y Cwm.   neu   Rwyf i'n mynd i Ysgol y Cwm.
Rydw i ym Mlwyddyn 4.   Rwyf i ym Mlwyddyn 4.

I sôn amdanoch chi a phobl eraill, defnyddiwch **Rydyn ni**, e.e.

Rydyn ni'n chwarae pêl-droed amser cinio.
Rydyn ni yn y tîm pêl-droed.
Rydyn ni eisiau ennill pob gêm.

Cofiwch, does dim angen cynnwys 'yn' o flaen 'eisiau'.

eisiau ☑   yn eisiau ☒

Llenwch y bylchau.

1. _____ i'n naw oed.
2. _____ i'n hoffi sbageti.
3. _____ i'n mynd i Ysgol y Nant.
4. _____ ni'n darllen bob bore.
5. _____ ni'n chwarae rownderi amser cinio.
6. _____ _____ mynd i'r pwll nofio ar nos Wener. (i)
7. _____ _____ nofio am hanner awr. (ni)
8. Yna, _____ _____ yfed diod yn y caffi. (ni)
9. _____ _____ nofio yn y tîm. (i)
10 _____ _____ mwynhau nofio'n fawr. (i)

Y presennol:
'Mae ...'
'Maen nhw ...'

Gwella'r Gair

> I sôn am rywun arall yn y presennol (nawr), defnyddiwch **Mae**, e.e.
>
> Mae Chris yn naw oed.   Mae Cerys yn saith oed.
> Mae e'n hoffi beicio.   Mae hi'n hoffi beicio.
> Mae o'n hoffi beicio.   Mae Erin ac Elis ym Mlwyddyn 6.
>
> Os ydych chi eisiau defnyddio'r gair **nhw**, defnyddiwch **Maen nhw**, e.e.
>
> Maen nhw'n ffrindiau da.
> Maen nhw eisiau mynd i'r parc heno.
>
> Cofiwch, does dim angen cynnwys 'yn' o flaen 'eisiau'.
> eisiau ☑   yn eisiau ☒

Llenwch y bylchau.

1. _____ Chris yn hoffi pêl-droed.
2. _____ Erin yn mwynhau dawnsio.
3. _____ nhw'n ffrindiau da.
4. _____ nhw'n hoffi mynd i'r parc.
5. _____ nhw'n chwarae pêl-droed.
6. Yn y parc, _____ _____ cael hwyl. (nhw)
7. _____ _____ _____ dringo ar y ffrâm ddringo. (Erin)
8. _____ _____ _____ mwynhau beicio. (Chris)
9. _____ _____ mwynhau mynd ar y siglen. (e neu o)
10. Rydw i'n hoffi fy ffrindiau achos _____ _____ 'n hwyl. (nhw)

Gwella'r Gair | Y presennol: y negyddol (ddim)
'Dydw i ddim ...'
'Dydyn ni ddim ...'

I ddweud eich bod chi **ddim** yn gwneud rhywbeth neu **ddim** yn hoffi rhywbeth neu **ddim** eisiau rhywbeth ac yn y blaen, defnyddiwch **Dydw i ddim**, e.e.

Dydw i ddim yn hoffi ffa.

Dydw i ddim eisiau salad i swper.

I sôn amdanoch chi a phobl eraill, defnyddiwch **Dydyn ni ddim**, e.e.

Dydyn ni ddim yn gwylio'r teledu heno.

Dydyn ni ddim eisiau gweld y ffilm.

Cofiwch, does dim angen cynnwys 'yn' o flaen 'eisiau'.

eisiau ☑   yn eisiau ☒

Llenwch y bylchau.

1. _____ i _____ _____ hoffi sbageti.
2. _____ i _____ _____ byw mewn fflat.
3. _____ ni _____ _____ bwyta cig.
4. _____ ni _____ _____ beicio i'r ysgol.
5. _____ i _____ _____ cael gwersi piano.
6. _____ _____ _____ _____ mwynhau tacluso. (ni)
7. _____ _____ _____ _____ bwyta siocled. (i)
8. _____ _____ _____ _____ chwarae rygbi yn yr ysgol. (ni)
9. _____ _____ _____ _____ cael cinio ysgol. (ni)
10. _____ _____ _____ _____ gwylio'r teledu bob nos. (i)

Y presennol: y negyddol (ddim) 'Dydy ... ddim ...' 'Dydyn nhw ddim ...'

Gwella'r Gair

I ddweud bod person arall **ddim** yn gwneud rhywbeth neu **ddim** yn hoffi rhywbeth neu **ddim** eisiau rhywbeth ac yn y blaen, defnyddiwch **Dydy ... ddim**, e.e.

Dydy Chris ddim yn hoffi dawnsio.   Dydy Erin ddim yn hoffi canu.

Dydy e ddim yn hoffi dawnsio.   Dydy hi ddim yn hoffi canu.

Dydy o ddim yn hoffi dawnsio.   Dydy Chris ac Erin ddim eisiau mynd i'r sioe.

Os ydych chi eisiau defnyddio'r gair **nhw**, defnyddiwch **Dydyn nhw ddim**, e.e.

Dydyn nhw ddim yn hoffi tomatos.

Dydyn nhw ddim eisiau salad i swper.

Llenwch y bylchau yma.

1. _____ Cerys _____ yn hoffi beicio.

2. _____ Siôn _____ yn mwynhau canu.

3. _____ Aled _____ yn yfed pop.

4. _____ Catrin _____ yn canu'r piano.

5. _____ hi _____ eisiau gwersi ffidil.

6. _____ Elsi a Wil_____ yn mwynhau rhedeg.

7. _____ nhw _____ eisiau rhedeg yn y ras.

8. _____ Twm ac Irfan _____ yn byw yn agos i'r ysgol.

9. _____ nhw _____ yn gallu cerdded i'r ysgol.

10. Mae fy ffrindiau i'n wych. _____ nhw _____ yn ddiflas o gwbl!

Gwella'r Gair | Y presennol: gofyn ac ateb cwestiynau 'Wyt ti ...?'

I ofyn cwestiwn i ffrind yn y presennol, defnyddiwch **Wyt ti?**, e.e.

Cwestiwn	Ateb ☑	Ateb ☒
Wyt ti'n mwynhau peintio?	Ydw. Ydw, rydw i'n mwynhau peintio.	Nac ydw. Nac ydw, dydw i ddim yn mwynhau peintio.
Wyt ti eisiau bwyd?	Ydw. Ydw, rydw i eisiau bwyd.	Nac ydw. Nac ydw, dydw i ddim eisiau bwyd.
Wyt ti ym Mlwyddyn 2?	Ydw. Ydw, rydw i ym Mlwyddyn 2.	Nac ydw. Nac ydw, dydw i ddim ym Mlwyddyn 2.

Llenwch y bylchau.

1. _____ ti'n hapus, Cai?

2. _____ _____ hoffi darllen, Erin?

3. _____ _____ mynd i'r parc, Eben?

4. _____ _____ gallu nofio, Yasseen?

5. _____ _____ eisiau dod i'r parti, Ela?

Atebwch y cwestiynau hyn.

6. Wyt ti'n hoffi caws? _____ .

7. Wyt ti'n mwynhau siopa? _____ .

8. Wyt ti'n chwarae pêl-droed? _____ .

9. Wyt ti eisiau gwaith cartref heno? _____ .

10. Wyt ti'n teimlo'n hapus? _____ .

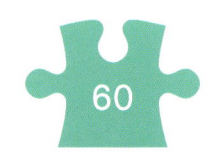

Y presennol: gofyn ac ateb cwestiynau 'Ydych chi ...?'

Gwella'r Gair

I ofyn cwestiwn i rywun hŷn (fel eich athro neu athrawes) neu i fwy nag un person, yn y presennol, defnyddiwch **Ydych chi?**, e.e.

Cwestiwn (i rywun hŷn)	Ateb ☑	Ateb ☒
Ydych chi eisiau dod?	Ydw. Ydw, rydw i eisiau dod.	Nac ydw. Nac ydw, dydw i ddim eisiau dod.
Ydych chi'n mwynhau dawnsio?	Ydw. Ydw, rydw i'n mwynhau dawnsio.	Nac ydw. Nac ydw, dydw i ddim yn mwynhau dawnsio.

Cwestiwn (i fwy nag un person)	Ateb ☑	Ateb ☒
Ydych chi eisiau dod?	Ydyn. Ydyn, rydyn ni eisiau dod.	Nac ydyn. Nac ydyn, dydyn ni ddim eisiau dod.
Ydych chi'n mwynhau dawnsio?	Ydyn. Ydyn, rydyn ni'n mwynhau dawnsio.	Nac ydyn. Nac ydyn, dydyn ni ddim yn mwynhau dawnsio.

Llenwch y bylchau.

1. _____ chi'n hoffi'r llyfr, blant?
2. _____ chi'n gwylio'r teledu, Mrs Jones?
3. _____ _____ gweithio, ferched?
4. Nain a Taid, _____ _____ eisiau dod i de?
5. _____ _____ eisiau mynd i chwarae, fechgyn?

Atebwch y cwestiynau hyn.

6. Ydych chi'n hoffi'r ffilm, blant? ☑
7. Mrs Jones, ydych chi'n hoffi bresych? ☒
8. Flwyddyn 6, ydych chi eisiau mynd allan? ☒
9. Ydych chi'n deall y gwaith, ferched? ☑
10. Ydych chi yn y tîm rygbi, Syr? ☑

Gwella'r Gair | Y presennol: gofyn ac ateb cwestiynau 'Ydy ...?', 'Ydy'r ...?'

I ofyn cwestiynau am rywun neu rywbeth arall yn y presennol, defnyddiwch **Ydy?** neu **Ydy'r?**, e.e.

Cwestiwn	Ateb ☑	Ateb ☒
Ydy Sioned yn y tîm?	Ydy. Ydy, mae Sioned yn y tîm.	Nac ydy. Nac ydy, dydy Sioned ddim yn y tîm.
Ydy'r ci'n chwarae gyda'r bêl?	Ydy. Ydy, mae'r ci'n chwarae gyda'r bêl.	Nac ydy. Nac ydy, dydy'r ci ddim yn chwarae gyda'r bêl.
Ydy'r plant yn tynnu llun?	Ydyn. Ydyn, maen nhw'n tynnu llun.	Nac ydyn. Nac ydyn, dydyn nhw ddim yn tynnu llun.

Llenwch y bylchau.

1. _____ Liam yn chwarae'r gitâr?

2. _____ Catrin yn mwynhau pysgota?

3. _____ Sam yn hoffi dawnsio?

4. _____ 'r parti nos Sadwrn yma?

5. _____ 'r plant eisiau cael cinio yn yr ysgol?

Edrychwch ar y llun ac atebwch y cwestiynau hyn:

6. Ydy hi'n braf?

7. Ydy'r bobl yn y dref?

8. Ydy'r teulu'n mynd ar wyliau?

9. Ydy'r rhieni'n drist?

10. Ydy'r car yn llawn?

Y presennol: gofyn ac ateb cwestiynau 'Ydyn nhw ...?'

Gwella'r Gair

Os ydych chi eisiau defnyddio **nhw**, defnyddiwch **Ydyn?**, e.e.

Cwestiwn	Ateb ☑	Ateb ☒
Ydyn nhw'n mwynhau dawnsio?	Ydyn. Ydyn, maen nhw'n mwynhau dawnsio.	Nac ydyn. Nac ydyn, dydyn nhw ddim yn mwynhau dawnsio.

Newidiwch y geiriau sydd wedi eu tanlinellu.

1. <u>Ydy'r plant yn</u> hoffi sbageti? _____ _____ hoffi sbageti?
2. <u>Ydy'r merched yn</u> chwarae pêl-droed? _____ _____ chwarae pêl-droed?
3. <u>Ydy'r bechgyn yn</u> hoffi dawnsio? _____ _____ hoffi dawnsio?
4. <u>Ydy'r pensiliau'n</u> goch? _____ _____ goch?
5. <u>Ydy'r llyfrau'n</u> ddiddorol? _____ _____ ddiddorol?

Edrychwch ar y llun ac atebwch y cwestiynau.

6. Ydyn nhw'n cerdded?
7. Ydyn nhw'n gwisgo dillad addas?
8. Ydy'r bachgen a'r ferch yn drist?
9. Ydyn nhw'n chwerthin?
10. Ydy'r beiciau'n lliwgar?

Gwella'r Gair | Yr amherffaith: 'Roeddwn i ...' 'Roedden ni ...'

I sôn amdanoch chi'ch hun yn y gorffennol (e.e. ddoe, wythnos diwethaf, y llynedd), gallwch chi ddefnyddio **Roeddwn i**, e.e.

Roeddwn i yn y clwb neithiwr.

Roeddwn i'n chwarae gemau.

I sôn amdanoch chi a phobl eraill, defnyddiwch **Roedden ni**, e.e.

Roedden ni yn y clwb neithiwr.

Roedden ni'n chwarae gemau.

Llenwch y bylchau.

1. _____ i'n hapus neithiwr.

2. _____ i yn y pwll nofio.

3. _____ i gyda ffrindiau.

4. _____ ni'n cael hwyl yn nofio.

5. _____ ni'n mwynhau.

6. _____ ni yn y caffi ddydd Sadwrn.

7. _____ i'n cael parti pen-blwydd.

8. _____ ni'n gwisgo gwisg ffansi.

9. _____ ni'n chwarae gemau parti.

10 _____ i wrth fy modd.

Yr amherffaith: 'Roedd ...' 'Roedden nhw ...'

Gwella'r Gair

I sôn am rywun neu rywbeth arall yn y gorffennol (ddoe, wythnos diwethaf, y llynedd), gallwch chi ddefnyddio **Roedd**, e.e.

Roedd Chris yn beicio.   Roedd Cerys yn nofio.

Roedd e'n hapus iawn.   Roedd hi'n wych.

Roedd o'n hapus iawn.   Roedd Rhys a Dafydd yn beicio.

Os ydych chi eisiau defnyddio'r gair **nhw**, defnyddiwch **Roedden nhw**, e.e.

Roedden nhw'n ffrindiau da.

Roedden nhw'n mwynhau beicio.

Llenwch y bylchau.

1. _____ Chris yn cicio pêl.

2. _____ Erin ar y siglen.

3. _____ nhw'n ffrindiau da.

4. _____ nhw'n hoffi mynd i'r parc.

5. _____ nhw'n mwynhau chwarae.

6. _____ Chris ac Efa yn y sioe.

7. _____ _____ canu'n wych. (nhw)

8. _____ plant eraill yn perfformio hefyd.

9. _____ _____ dda iawn. (nhw)

10. _____ y sioe'n ardderchog.

Gwella'r Gair

Yr amherffaith: y negyddol (ddim)
'Doeddwn i ddim ...'
'Doedden ni ddim ...'

I ddweud eich bod chi **ddim** yn gwneud rhywbeth neu **ddim** yn hoffi rhywbeth neu **ddim** eisiau rhywbeth yn y gorffennol (e.e. ddoe, wythnos diwethaf, y llynedd) gallwch chi ddefnyddio **Doeddwn i ddim**, e.e.

  Doeddwn i ddim yn hapus neithiwr.

  Doeddwn i ddim yn teimlo'n dda iawn.

I sôn amdanoch chi a phobl eraill, defnyddiwch **Doedden ni ddim**, e.e.

  Doedden ni ddim yn hapus neithiwr.

  Doedden ni ddim yn teimlo'n dda iawn.

Llenwch y bylchau.

1. _____ i ddim yn y sioe.

2. _____ i ddim yn nofio yn y gala.

3. _____ ni ddim yn chwarae pêl-droed.

4. _____ ni ddim yn hoffi'r bwyd.

5. _____ ni ddim yn yr ysgol ddoe.

6. _____ i ddim yn hapus oherwydd roedd hi'n bwrw glaw.

7. _____ ni ddim yn gallu chwarae yn y parc oherwydd y tywydd stormus.

8. _____ ni ddim yn cael mynd allan oherwydd roedd hi'n rhy oer.

9. _____ ni ddim yn hoffi aros yn y tŷ oherwydd roedden ni eisiau mynd allan.

10. _____ i ddim eisiau gwylio'r teledu oherwydd roeddwn i eisiau chwarae pêl-droed.

Yr amherffaith: y negyddol (ddim)
'Doedd ... ddim ...'
'Doedden nhw ddim ...'

Gwella'r Gair

I ddweud bod person arall **ddim** yn gwneud rhywbeth neu **ddim** yn hoffi rhywbeth neu **ddim** eisiau rhywbeth ac yn y blaen yn y gorffennol, gallwch chi ddefnyddio **Doedd ... ddim**, e.e.

Doedd Cai ddim yn hoffi dawnsio. Doedd Erin ddim yn hoffi canu.

Doedd e ddim yn dawnsio. Doedd hi ddim yn hoffi canu.

Doedd o ddim yn dawnsio. Doedd Cai ac Eric ddim eisiau mynd i'r sioe.

Os ydych chi eisiau defnyddio'r gair **nhw**, defnyddiwch **Doedden nhw ddim**, e.e.

Doedden nhw ddim yn hoffi'r cinio.

Doedden nhw ddim eisiau cyrri.

Llenwch y bylchau.

1. _____ Chris ddim yn y tîm.

2. _____ e / o ddim yn hapus.

3. _____ Alys ac Emma ddim yn y sioe.

4. _____ nhw ddim yn canu.

5. _____ nhw ddim yn dawnsio.

6. _____ Cerys ac Elis _____ yn hapus ddoe.

7. _____ nhw _____ yn teimlo'n dda iawn.

8. _____ nhw _____ eisiau mynd allan.

9. _____ Elis _____ yn gallu bwyta.

10. _____ e / o _____ yn gallu yfed.

Gwella'r Gair | Yr amherffaith: gofyn ac ateb cwestiynau 'Oeddet ti ...?'

I ofyn cwestiwn i ffrind yn y gorffennol, gallwch chi ddefnyddio **Oeddet ti?**, e.e.

Ti (ffrind)	Ateb ✓	Ateb ✗
Oeddet ti yn y sinema nos Sadwrn?	Oeddwn. Oeddwn, roeddwn i yn y sinema.	Nac oeddwn. Nac oeddwn, doeddwn i ddim yn y sinema.

Llenwch y bylchau.

1. _____ ti yn y parti nos Wener?

2. _____ ti'n mwynhau?

3. Jo, _____ _____ gallu gwneud y gwaith cartref?

4. _____ _____ eisiau gweld y ffilm, Chris?

5. _____ _____ hwyr i'r ysgol y bore 'ma, Erin?

Atebwch y cwestiynau hyn.

6. Cai, oeddet ti yn y gwasanaeth? _____ ✓

7. Oeddet ti'n nofio neithiwr? _____ ✗

8. Lois, oeddet ti'n sâl ddoe? _____ ✗

9. Ben, oeddet ti'n deall y gwaith cartref? _____ ✓

10. Oeddet ti'n hoffi'r ffilm? _____ ✗

Yr amherffaith: gofyn ac ateb cwestiynau 'Oeddech chi ...?'

Gwella'r Gair

I ofyn cwestiwn i rywun hŷn neu i rywun dydych chi ddim yn ei adnabod yn dda yn y gorffennol, gallwch chi ddefnyddio **Oeddech chi?**, e.e.

Chi (rhywun hŷn neu rywun dydych chi ddim yn ei adnabod yn dda)	Ateb ☑	Ateb ☒
Oeddech chi yn y sinema nos Sadwrn, Mrs Jones?	Oeddwn. Oeddwn, roeddwn i yn y sinema.	Nac oeddwn. Nac oeddwn, doeddwn i ddim yn y sinema.

Chi (mwy nag un person)	Ateb ☑	Ateb ☒
Oeddech chi yn y sinema nos Sadwrn, blant?	Oedden. Oedden, roedden ni yn y sinema.	Nac oedden. Nac oedden, doedden ni ddim yn y sinema.

Llenwch y bylchau.

1. _____ chi yn y parti nos Wener, Mr Evans?
2. _____ chi yno, Mrs Davies?
3. Jo a Chris, _____ _____ gallu gwneud y gwaith cartref?
4. _____ _____ yn y tîm, fechgyn?
5. _____ _____ hwyr i'r ysgol y bore 'ma, blant?

Atebwch y cwestiynau hyn.

6. Blant, oeddech chi yn y gwasanaeth? _____ ☑
7. Mrs Jones, oeddech chi yn y dre ddoe? _____ ☒
8. Cai a Rhys, oeddech chi'n absennol ddoe? _____ ☑
9. Oeddech chi yn y gêm ddydd Sadwrn, Syr? _____ ☒
10. Oeddech chi'n hoffi'r ffilm, blant? _____ ☑

Gwella'r Gair | Yr amherffaith: gofyn ac ateb cwestiynau 'Oedd ...?'

I ofyn am rywun neu rywbeth arall yn y gorffennol, gallwch chi ddilyn y patrwm hwn:

Cwestiwn	Ateb ☑	Ateb ☒
Oedd Sioned yn y tîm?	Oedd. Oedd, roedd Sioned yn y tîm.	Nac oedd. Nac oedd, doedd Sioned ddim yn y tîm.
Oedd y tîm yn dda?	Oedd. Oedd, roedd y tîm yn dda.	Nac oedd. Nac oedd, doedd y tîm ddim yn dda.
Mwy nag un person neu beth:		
Oedd Catrin a Rhys yn y sioe?	Oedden. Oedden, roedden nhw yn y sioe.	Nac oedden. Nac oedden, doedden nhw ddim yn y sioe.
Oedd y plant yn canu?	Oedden. Oedden, roedden nhw'n canu.	Nac oedden. Nac oedden, doedden nhw ddim yn canu.

Edrychwch ar y llun hwn ac atebwch y cwestiynau.

1. Oedd Irfan a Rhian yn yr ardd?
2. Oedd hi'n braf?
3. Oedd Rhian yn hapus?
4. Oedd y plant yn cael hwyl?
5. Oedd y bachgen a'r ferch yn chwarae?

Llenwch y bylchau.

6. _____ Aled yn yr ysgol ddoe?
7. _____ Sioned yn sâl ddoe?

Atebwch y cwestiynau hyn.

8. Oedd y plant yn hoffi'r llyfr? _____ ☑
9. Oedd Rhys yn hwyr i'r ysgol? _____ ☒
10. Oedd y bechgyn yn canu'n dda? _____ ☑

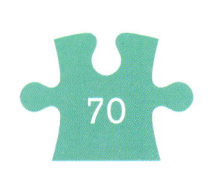

Yr amherffaith: gofyn ac ateb cwestiynau 'Oedden nhw ...?'

Gwella'r Gair

Os ydych chi eisiau defnyddio **nhw**, defnyddiwch **Oedden nhw ...?**

Cwestiwn	Ateb ☑	Ateb ☒
Oedden nhw'n chwarae'n dda?	Oedden.	Nac oedden.
	Oedden, roedden nhw'n chwarae'n dda.	Nac oedden, doedden nhw ddim yn chwarae'n dda.

Llenwch y bylchau.

1. _____ nhw'n chwarae yn y gôl?
2. _____ nhw'n cystadlu yn yr eisteddfod?
3. _____ nhw'n hoffi'r bwyd?
4. _____ Rhys a Ben yn hwyr?
5. _____ nhw eisiau gweld y Pennaeth?

Edrychwch ar y llun hwn o bicnic ddydd Sadwrn diwethaf ac atebwch y cwestiynau.

6. Oedd hi'n braf?
7. Oedden nhw'n bwyta?
8. Oedden nhw'n bwyta'n iach?
9. Oedd y ferch yn hoffi ffrwythau?
10. Oedden nhw'n hapus?

Gwella'r Gair | Y gorffennol: 'Gwelais i ...', 'Gwelon ni ...'

> I sôn am beth wnaethoch chi yn y gorffennol (ddoe, neithiwr, wythnos diwethaf), defnyddiwch **–ais** ar ddiwedd y ferf, e.e.
>
> Gwyli**ais** i ffilm dda neithiwr.
>
> Bwyt**ais** i salad i swper.
>
> I sôn amdanoch chi a phobl eraill, defnyddiwch **–on** ar ddiwedd y ferf, e.e.
>
> Nof**on** ni neithiwr.
>
> Yna, gwyli**on** ni ffilm.

Dewiswch y geiriau addas i lenwi'r bylchau.

Bwytais	Cerddon	Siaradon	Codais	Gwelais

1. _____ i am wyth o'r gloch.
2. _____ i ffrwythau.
3. _____ ni i'r ysgol.
4. _____ i fy ffrindiau.
5. _____ ni am y penwythnos.

Llenwch y bylchau.

6. _____ ni ein cotiau oherwydd roedd hi'n oer. (gwisgo)
7. _____ ni ar yr iard. (chwarae)
8. _____ i gôl ardderchog! (sgorio)
9. _____ i fy ffrindiau'n gweiddi'n uchel. (clywed)
10. _____ i mewn i'r ysgol am un o'r gloch. (cerdded)

Y gorffennol: sôn am rywun neu rywbeth arall | Gwella'r Gair

I sôn am beth wnaeth rhywun arall yn y gorffennol (ddoe, neithiwr, wythnos diwethaf), defnyddiwch **–odd** ar ddiwedd y ferf, e.e.

> Gwyli**odd** Efa ffilm dda neithiwr.
>
> Bwyt**odd** hi salad i swper.

Os ydych chi eisiau sôn amdanyn **nhw**, defnyddiwch **–on** ar ddiwedd y ferf, e.e.

> Nofi**on** nhw neithiwr.
>
> Yna, gwyli**on** nhw ffilm.

Dewiswch y geiriau addas i lenwi'r bylchau.

Eisteddon	Cerddodd	Rhedodd	Stopion	Canodd

1. _____ y gloch am un o'r gloch.
2. _____ nhw chwarae.
3. _____ y bechgyn i mewn i'r ysgol.
4. _____ y merched at y drws.
5. _____ nhw yn yr ystafell.

Llenwch y bylchau.

6. _____ nhw eu cotiau oherwydd roedd hi'n oer. (gwisgo)
7. _____ nhw ar yr iard. (chwarae)
8. _____ Ben gôl ardderchog! (sgorio)
9. _____ Ben ei ffrindiau'n gweiddi'n uchel. (clywed)
10. _____ nhw i mewn i'r ysgol am un o'r gloch. (cerdded)

Gwella'r Gair | Y gorffennol: gofalus! 'fi' a 'ni'

Byddwch yn ofalus gyda'r berfau hyn:

	fi	ni
cau	caeais i	caeon ni
cyrraedd	cyrhaeddais i	cyrhaeddon ni
dechrau	dechreuais i	dechreuon ni
dweud	dywedais i	dywedon ni
ennill	enillais i	enillon ni
gadael	gadawais i	gadawon ni
gofyn	gofynnais i	gofynnon ni
gorffen	gorffennais i	gorffennon ni
gwrando	gwrandawais i	gwrandawon ni
meddwl	meddyliais i	meddylion ni
mwynhau	mwynheais i	mwynhaon ni

Llenwch y bylchau.

1. _____ i'r ffilm. (mwynhau)
2. _____ i'r cwestiwn. (gofyn)
3. _____ ni'r tŷ. (cyrraedd)
4. _____ i'r stori. (dweud)
5. _____ ni ein gwaith. (gorffen)
6. _____ ni'r stori wrth y dosbarth. (dweud)
7. _____ i am y gwaith cyn dechrau. (meddwl)
8. _____ ni'r ysgol am hanner awr wedi tri. (gadael)
9. _____ ni ein cinio cyn mynd allan i chwarae. (gorffen)
10. _____ ni ar y gerddoriaeth. (gwrando)

Y gorffennol: gofalus! sôn am rywun arall

Gwella'r Gair

Byddwch yn ofalus gyda'r berfau hyn:

	e / o / hi / John / Alys	nhw
cau	caeodd ...	caeon nhw
cyrraedd	cyrhaeddodd ...	cyrhaeddon nhw
dechrau	dechreuodd ...	dechreuon nhw
dweud	dywedodd ...	dywedon nhw
ennill	enillodd ...	enillon nhw
gadael	gadawodd ...	gadawon nhw
gofyn	gofynnodd ...	gofynnon nhw
gorffen	gorffennodd ...	gorffennon nhw
gwrando	gwrandawodd ...	gwrandawon nhw
meddwl	meddyliodd ...	meddylion nhw
mwynhau	mwynhaodd ...	mwynhaon nhw

Llenwch y bylchau.

1. _____ Robin y ffilm. (mwynhau)
2. _____ Alys y cwestiwn. (gofyn)
3. _____ nhw'r tŷ. (cyrraedd)
4. _____ nhw'r stori. (dweud)
5. _____ hi ei gwaith. (gorffen)
6. _____ Manon y stori wrth y dosbarth. (dweud)
7. _____ e / o am y gwaith cyn dechrau. (meddwl)
8. _____ Rhys yr ysgol am hanner awr wedi tri. (gadael)
9. _____ nhw eu cinio cyn mynd allan i chwarae. (gorffen)
10. _____ y dosbarth ar y gerddoriaeth. (gwrando)

Gwella'r Gair | Y gorffennol afreolaidd: 'fi' a 'ni'

Dydy'r berfau hyn ddim yn dilyn y patrwm arferol.

	fi	ni
mynd	es i	aethon ni
dod	des i	daethon ni
cael	ces i	cawson ni
gwneud	gwnes i	gwnaethon ni

Dewiswch un o'r geiriau ar y dde i lenwi'r bylchau.

1. _____ i i'r dre.   Es   Aethon
2. _____ i amser da.   Ces   Cawson
3. _____ i adre ar y bws.   Des   Daethon
4. _____ ni pizza.   Gwnes   Gwnaethon
5. _____ ni'r pizza i swper.   Ces   Cawson
6. _____ ni i'r ysgol heddiw.   Cawson   Aethon
7. _____ ni salad blasus.   Daethon   Gwnaethon
8. _____ i adre yn y car.   Ces   Des
9. _____ i fy ngwaith cartref.   Gwnes   Des
10. _____ i 10/10 am y gwaith.   Gwnes   Ces

Y gorffennol afreolaidd: sôn am rywun arall | Gwella'r Gair

Dydy'r berfau hyn ddim yn dilyn y patrwm arferol.

	e / o / hi / John / Alys	nhw
mynd	aeth o / e	aethon nhw
dod	daeth hi	daethon nhw
cael	cafodd Alys	cawson nhw
gwneud	gwnaeth John	gwnaethon nhw

Dewiswch un o'r geiriau ar y dde i lenwi'r bylchau.

1. _____ Siân i siopa.   Aeth   Aethon
2. _____ y merched bicnic.   Cafodd   Cawson
3. _____ hi i'r ysgol yn y car.   Daeth   Daethon
4. _____ y plant lanast.   Gwnaeth   Gwnaethon
5. _____ nhw'r gacen i de.   Cafodd   Cawson
6. _____ nhw i'r sinema heddiw.   Cawson   Aethon
7. _____ nhw gawl hyfryd.   Daethon   Gwnaethon
8. _____ Sioned i'r disgo gyda fi.   Daeth   Cafodd
9. _____ Rhys ei de ei hun.   Gwnaeth   Gwnaethon
10. _____ e / o brawf yn yr ysgol.   Cafodd   Gwnaeth

Gwella'r Gair

Y gorffennol: y negyddol (ddim)
'Welais i ddim ...'
'Welon ni ddim ...'

I sôn am beth wnaethoch chi **ddim** yn y gorffennol, defnyddiwch y canlynol:

Siaradais i **ddim**.   Siaradon ni **ddim**.

Yfais i **ddim**.   Yfon ni **ddim**.

Os yw'r berfau'n dechrau gyda **g, b, d, m, ll, rh**, rhaid cael treiglad meddal, e.e.

gweld	**w**elais i ddim	**w**elon ni ddim
bwyta	**f**wytais i ddim	**f**wyton ni ddim
dysgu	**dd**ysgais i ddim	**dd**ysgon ni ddim
mwynhau	**f**wynheais i ddim	**f**wynhaon ni ddim
llenwi	**l**enwais i ddim	**l**enwon ni ddim
rhedeg	**r**edais i ddim	**r**edon ni ddim

Trowch y geiriau mewn cromfachau yn negyddol (ddim).

1. _____ i _____. (bwytais)
2. _____ i _____. (yfais)
3. _____ i _____. (siaradais)
4. _____ ni _____. (gwisgon)
5. _____ ni _____. (darllenon)
6. _____ ni _____ ffrwythau i frecwast. (bwyton)
7. _____ ni _____ ar yr iard. (rhedon)
8. _____ ni _____ yn yr ysgol. (lliwion)
9. _____ i _____ i fyny'r rhaff. (dringais)
10. _____ i _____ yn y parti. (dawnsiais)

> Ydych chi'n cofio sut mae'r llythrennau'n newid?
> Ewch i adran *Y Treigladau* i atgoffa'ch hun.

Y gorffennol: y negyddol (ddim)
'Chanais i ddim …', 'Chanon ni ddim …'

Gwella'r Gair

Os yw'r berfau'n dechrau gyda **c, p, t**, rhaid cael treiglad llaes, e.e.

canu	**ch**anais i ddim	**ch**anon ni ddim
peintio	**ph**eintiais i ddim	**ph**eintion ni ddim
torri	**th**orrais i ddim	**th**orron ni ddim

Trowch y geiriau mewn cromfachau yn negyddol (ddim).

1. _____ i _____. (teimlais)
2. _____ i _____. (clywais)
3. _____ i _____. (taclusais)
4. _____ ni _____. (taflon)
5. _____ ni _____. (casglon)
6. _____ i _____ yn y sioe. (canais)
7. _____ ni _____ cyn gadael. (tacluson)
8. _____ ni _____ i'r chwith. (troeon)
9. _____ ni _____ planhigion yn yr ardd. (plannon)
10. _____ i _____ sŵn tu allan. (clywais)

Ydych chi'n cofio sut mae'r llythrennau'n newid?

Ewch i adran *Y Treigladau* i atgoffa'ch hun.

Gwella'r Gair | Y gorffennol: y negyddol (ddim) sôn am rywun arall

I sôn am beth wnaeth rhywun neu rywbeth arall **ddim** yn y gorffennol, dilynwch y patrymau hyn:

Siaradodd Sam ddim.   Siaradon nhw ddim.

Yfodd e / o / hi ddim.   Yfon nhw ddim.

Os yw'r berfau'n dechrau gyda **g, b, d, m, ll, rh**, rhaid cael treiglad meddal, e.e.

gweld	**w**elodd hi ddim	**w**elon nhw ddim
bwyta	**f**wytodd y plant ddim	**f**wyton nhw ddim
dysgu	**dd**ysgodd Efa ddim	**dd**ysgon nhw ddim
mwynhau	**f**wynhaodd John ddim	**f**wynhaon nhw ddim
llenwi	**l**enwodd y plant ddim	**l**enwon nhw ddim
rhedeg	**r**edodd hi ddim	**r**edon nhw ddim

Trowch y geiriau mewn cromfachau yn negyddol (ddim).

1. _____ Aled _____. (bwytodd)
2. _____ e / o _____. (yfodd)
3. _____ hi _____. (siaradodd)
4. _____ nhw _____. (gwisgon)
5. _____ nhw _____. (darllenon)
6. _____ nhw _____ ffrwythau i frecwast. (bwyton)
7. _____ nhw _____ ar yr iard. (rhedon)
8. _____ nhw _____ yn yr ysgol. (lliwion)
9. _____ y plant _____ i fyny'r rhaff. (dringodd)
10. _____ hi _____ yn y parti. (dawnsiodd)

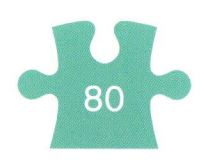

Ydych chi'n cofio sut mae'r llythrennau'n newid?

Ewch i adran *Y Treigladau* i atgoffa'ch hun.

> Os yw'r berfau'n dechrau gyda **t, c, p,** rhaid cael treiglad llaes, e.e.
>
> | torri | **th**orrodd hi ddim | **th**orron nhw ddim |
> | canu | **ch**anodd o / e ddim | **ch**anon nhw ddim |
> | peintio | **ph**eintiodd y plant ddim | **ph**eintion nhw ddim |

Trowch y geiriau mewn cromfachau yn negyddol (ddim).

1. _____ e / o _____. (torrodd)
2. _____ hi _____. (clywodd)
3. _____ nhw _____. (tacluson)
4. _____ Aled _____. (taflodd)
5. _____ nhw _____. (casglon)
6. _____ hi _____ yn y sioe. (canodd)
7. _____ nhw _____ cyn gadael. (tacluson)
8. _____ nhw _____ i'r chwith. (troeon)
9. _____ nhw _____ planhigion yn yr ardd. (plannon)
10. _____ Aled _____ sŵn tu allan. (clywodd)

> Ydych chi'n cofio sut mae'r llythrennau'n newid?
> Ewch i adran *Y Treigladau* i atgoffa'ch hun.

Gwella'r Gair | Y gorffennol afreolaidd: y negyddol (ddim) 'fi' a 'ni'

Os ydych chi eisiau defnyddio **ddim** gyda **mynd, dod, cael, gwneud**, defnyddiwch y patrymau hyn:

mynd	es i ddim	aethon ni ddim
dod	**dd**es i ddim	**dd**aethon ni ddim
cael	**ch**es i ddim	**ch**awson ni ddim
gwneud	**w**nes i ddim	**w**naethon ni ddim

Trowch y geiriau mewn cromfachau yn negyddol (ddim).

1. _____ i _____. (es)
2. _____ ni _____. (aethon)
3. _____ i _____ ar y bws. (des)
4. _____ ni _____ risoto. (gwnaethon)
5. _____ i _____ swper. (ces)

Ydych chi'n cofio sut mae'r llythrennau'n newid? Ewch i adran Y Treigladau i atgoffa'ch hun.

Dewiswch y pum gair cywir i lenwi'r bylchau.

Aethon	Gwnaethon	Des	Ddes	Es
Cawson	Chawson	Gwnes	Wnes	Wnaethon

6. _____ ni ddim i'r pwll nofio neithiwr.
7. _____ ni ddim gwaith cartref gan yr athro.
8. _____ i ddim yma ar y bws.
9. _____ i ddim byd neithiwr.
10. _____ ni ddim gwaith celf yn yr ysgol heddiw.

Y gorffennol afreolaidd: y negyddol (ddim) sôn am rywun arall

Os ydych chi eisiau defnyddio **ddim** gyda **mynd, dod, cael, gwneud,** defnyddiwch y patrymau hyn:

mynd	aeth John ddim	aethon nhw ddim
dod	**dd**aeth hi ddim	**dd**aethon nhw ddim
cael	**ch**afodd y plant ddim	**ch**awson nhw ddim
gwneud	**w**naeth e / o ddim	**w**naethon nhw ddim

Ydych chi'n cofio sut mae'r llythrennau'n newid? Ewch i adran Y Treigladau i atgoffa'ch hun.

Trowch y geiriau mewn cromfachau yn negyddol (ddim). Bydd angen i chi ddyfalu'r gair yn y pump olaf.

1. _____ e / o _____ i'r gêm (aeth)
2. _____ hi _____ i'r dref. (aeth)
3. _____ nhw _____ ar y bws. (daethon)
4. _____ nhw _____ risoto. (gwnaethon)
5. _____ hi _____ swper. (cafodd)
6. _____ nhw ddim i'r pwll nofio neithiwr.
7. _____ nhw ddim gwaith cartref gan yr athro.
8. _____ John ddim yma ar y bws.
9. _____ y plant ddim byd neithiwr.
10. _____ nhw ddim gwaith celf yn yr ysgol heddiw.

Gwella'r Gair | Y gorffennol: gofyn ac ateb cwestiynau 'Welaist ti …?', 'Weloch chi …?'

I ofyn cwestiynau yn y gorffennol (ddoe, neithiwr, wythnos diwethaf), rhaid i chi dreiglo'r ferf:

Glywaist ti? **G**lywoch chi?

Ddarllenaist ti? **D**darllenoch chi?

I ateb y cwestiynau hyn, rhaid defnyddio **Do** a **Naddo**.

Wyliaist ti'r ffilm neithiwr? Do.

Fwytoch chi sglodion i ginio? Naddo.

Gwnewch gwestiynau o'r geiriau mewn cromfachau.

1. _____ ti salad? (bwytaist)
2. _____ chi'r ffilm? (gwylioch)
3. _____ ti gyda'r athro? (siaradaist)
4. _____ chi'r gêm newydd? (prynoch)
5. _____ ti'r llyfr? (darllenaist)
6. _____ chi ffrwythau i frecwast? (bwyta)
7. _____ chi yn y ras? (rhedeg)
8. _____ ti'r llun yn yr ysgol? (lliwio)
9. _____ ti'r cartŵn newydd? (gwylio)
10. _____ ti yn y parti? (dawnsio)

> Ydych chi'n cofio sut mae'r llythrennau'n newid?
> Ewch i adran *Y Treigladau* i atgoffa'ch hun.

Y gorffennol: gofyn ac ateb cwestiynau sôn am rywun neu rywbeth arall

Gwella'r Gair

I ofyn am beth wnaeth rhywun neu rywbeth arall yn y gorffennol (ddoe, neithiwr, wythnos diwethaf), rhaid i chi dreiglo'r ferf:

Glywodd John?   **G**lywon nhw?

Ddarllenodd hi?   **Dd**arllenon nhw?

I ateb y cwestiynau hyn, rhaid defnyddio **Do** a **Naddo**.

Wyliodd Ianto'r ffilm neithiwr?   Do.

Fwyton nhw sglodion i ginio?   Naddo.

Gwnewch gwestiynau o'r geiriau mewn cromfachau.

1. _____ Geraint salad? (bwytodd)
2. _____ hi gân? (clywodd)
3. _____ e / o ffilm? (gwelodd)
4. _____ nhw i'r ysgol? (rhedon)
5. _____ y bachgen adre? (cerddodd)
6. _____ y plant ffrwythau i frecwast? (bwyta)
7. _____ nhw yn yr ysgol? (peintio)
8. _____ nhw eu cotiau i fynd allan? (gwisgo)
9. _____ nhw'r cartŵn newydd? (gwylio)
10. _____ Elin y rhaffau? (dringo)

Ydych chi'n cofio sut mae'r llythrennau'n newid?
Ewch i adran *Y Treigladau* i atgoffa'ch hun.

Gwella'r Gair | Y gorffennol afreolaidd: gofyn ac ateb cwestiynau 'fi' a 'ni'

Mae'r berfau isod yn dilyn yr un patrwm. Sylwch ar y treiglad.

mynd	Est ti?	Aethoch chi?
dod	**Dd**est ti?	**Dd**aethoch chi?
cael	**G**est ti?	**G**awsoch chi?
gwneud	**W**nest ti?	**W**naethoch chi?

I ateb y cwestiynau hyn, rhaid defnyddio **Do** a **Naddo**.

Est ti i'r sinema neithiwr?   Do.

Aethoch chi i'r pwll nofio neithiwr?   Naddo.

Cysylltwch y ddau hanner i wneud un cwestiwn bob tro.

1. Gest ti | ar y bws?
2. Gawsoch chi | salad i ginio?
3. Ddest ti | sinema neithiwr?
4. Wnaethoch chi'r | ginio blasus, blant?
5. Est ti i'r | gwaith cartref?

Defnyddiwch eiriau o'r grid uchod i lenwi'r bylchau.

6. _____ ti i'r dref ddydd Sadwrn?
7. _____ chi i'r gêm ddydd Sadwrn?
8. _____ ti yma yn y car?
9. _____ chi swper arbennig i Mam ar ei phen-blwydd?
10. _____ chi amser da yn y parc y prynhawn yma?

Y gorffennol afreolaidd: gofyn ac ateb cwestiynau sôn am rywun neu rywbeth arall

Gwella'r Gair

Mae'r berfau isod yn dilyn yr un patrwm. Sylwch ar y treiglad.

mynd	Aeth Aled?	Aethon nhw?
dod	**Dd**aeth Elin?	**Dd**aethon nhw?
cael	**G**afodd Erin y llyfr?	**G**awson nhw'r llyfr?
gwneud	**W**naeth y plant y gwaith?	**W**naethon nhw'r gwaith?

I ateb y cwestiynau hyn, rhaid defnyddio **Do** a **Naddo**.

Aeth Ela i'r sinema neithiwr?   Do.

Aethon nhw i'r pwll nofio neithiwr?   Naddo.

Cysylltwch y ddau hanner i wneud un cwestiwn bob tro.

1. Aeth Aled i — nhw sglodion i swper?
2. Wnaeth y plant — nofio neithiwr?
3. Ddaeth yr athro — nhw i'r siop ddoe?
4. Aethon — uwd yn yr ysgol heddiw?
5. Gawson — i'r ysgol ar y bws?

Defnyddiwch eiriau o'r grid uchod i lenwi'r bylchau.

6. _____ Efa i barti pen-blwydd Alys?
7. _____ Lyn y cwpan ar ôl ennill y ras?
8. _____ Tad-cu yma yn y car?
9. _____ y plant amser da ar lan y môr?
10. _____ nhw hufen iâ i'w fwyta?

Gwella'r Gair | Berfau defnyddiol 'Ga i ...?' 'Gawn ni ...?'

Mae treiglad meddal yn dilyn **Ga i ...?** a **Gawn ni ...?**

Ga i **w**eld? Gawn ni **w**eld?

Ga i **l**yfr os gwelwch yn dda? Gawn ni **l**yfr os gwelwch yn dda?

Peidiwch â defnyddio **cael** gyda **Ga i ...?** a **Gawn ni ...?**

Ga i frechdanau caws yfory os gwelwch yn dda?

Gawn ni fefus yn ein bocs bwyd?

I ateb y cwestiynau hyn, defnyddiwch **Cei** neu **Cewch**, neu **Na chei** neu **Na chewch**, e.e.

Ga i fynd? Cei. Na chei.

Gawn ni fynd? Cewch. Na chewch.

Llenwch y bylchau.

1. Ga i _____? (mynd)
2. Ga i _____? (clywed)
3. Gawn ni _____? (gweld)
4. Gawn ni _____? (darllen)
5. Gawn ni _____? (rhedeg)
6. _____ ni _____ y llyfr os gwelwch yn dda? (benthyg)
7. _____ i _____ yn gynnar heddiw os gwelwch yn dda? (gadael)
8. _____ ni _____'r map? (lliwio)
9. Gawn ni fynd i lan y môr? _____ achos mae hi'n rhy oer.
10. Ga i dost brown i frecwast os gwelwch yn dda? _____, wrth gwrs.

Ydych chi'n cofio sut mae'r llythrennau'n newid? Ewch i adran Y Treigladau i atgoffa'ch hun.

Berfau defnyddiol
'Wnei di ...?'
'Wnewch chi ...?'

Gwella'r Gair

Mae treiglad meddal yn dilyn **Wnei di ...?** a **Wnewch chi ...?**

Wnei di **w**rando?   Wnewch chi **w**rando?

Wnei di **g**au'r ffenest?   Wnewch chi **g**au'r ffenest?

I ateb y cwestiynau hyn, defnyddiwch **Gwnaf** neu **Gwnawn**, neu **Na wnaf** neu **Na wnawn**, e.e.

Wnei di **dd**arllen?   Gwnaf.   Na wnaf.

Wnewch chi **dd**arllen?   Gwnawn.   Na wnawn.

Llenwch y bylchau.

1. _____ di agor y ffenest os gweli di'n dda?
2. _____ chi wrando os gwelwch yn dda?
3. _____ di gau'r drws os gweli di'n dda?
4. _____ chi rannu os gwelwch yn dda?
5. _____ di frysio os gweli di'n dda?
6. _____ di _____ _____ pensil i mi os gweli di'n dda? (rhoi benthyg)
7. _____ chi _____'r dudalen os gwelwch yn dda? (troi)
8. _____ chi _____'n astud? (gwrando)
9. _____ di _____'n ofalus? (gwylio).
10. _____ chi _____'r grid. (llenwi)

> Ydych chi'n cofio sut mae'r llythrennau'n newid?
> Ewch i adran *Y Treigladau* i atgoffa'ch hun.

89

Gwella'r Gair | Gorchmynion

> Os ydych chi eisiau dweud wrth rywun am wneud rhywbeth, dilynwch y patrymau hyn:
>
> | Ffurfiau **Ti** (siarad â ffrind) | Ffurfiau **Chi** (siarad â rhywun hŷn neu â mwy nag un person) |
> |---|---|
> | cerdd**a** | cerdd**wch** |
> | rhed**a** | rhed**wch** |
> | sgipi**a** | sgipi**wch** |
> | neidi**a** | neidi**wch** |

Llenwch y bylchau.

Yn yr ysgol

1. _____ yn y coridor, Cai. (cerdded)
2. _____ wrth y bwrdd, Alys. (eistedd)
3. _____ 'n dawel, Ifan. (darllen)
4. _____ 'n daclus, Aled. (ysgrifennu)
5. _____ dy got, Twm. (gwisgo)

Yn y wers addysg gorfforol – gorchmynion i'r dosbarth:

6. _____ yn araf. (cerdded)
7. _____ yn gyflym. (rhedeg)
8. _____ gyda'ch partner. (dawnsio)
9. _____ mewn llinell. (sefyll)
10. _____ o gwmpas y neuadd. (sgipio)

Gorchmynion afreolaidd

> Dydy pob gorchymyn ddim yn dilyn y patrwm rheolaidd, e.e.
>
> | | Ffurfiau **Ti** (siarad â ffrind) | Ffurfiau **Chi** (siarad â rhywun hŷn neu â mwy nag un person) |
> | --- | --- | --- |
> | mynd | cer *neu* dos | ewch |
> | dod | dere *neu* tyrd | dewch |
> | gwneud | gwna | gwnewch |
> | bod | bydd *neu* bydda | byddwch |

Llenwch y bylchau.

Rheolau'r dosbarth

1. _____ i mewn yn dawel. (dod)
2. _____ i eistedd wrth eich byrddau. (mynd)
3. _____ yn dawel. (eistedd)
4. _____ yn galed. (gweithio)
5. _____ eich gorau. (gwneud)
6. _____ yn garedig i bawb. (bod)
7. _____ eich gilydd. (helpu)
8. _____ yn ffrindiau da. (bod)
9. Ar ddiwedd y wers, _____ allan yn dawel. (mynd)
10. Ar ddiwedd y dydd, _____ yr ystafell. (tacluso)

Gwella'r Gair | Gorchmynion: gofalus!

Dydy pob gorchymyn ddim yn dilyn y patrwm arferol, e.e.

	Ffurfiau **Ti**	Ffurfiau **Chi**
aros	Arhosa ...	Arhoswch...
cau	Caea ...	Caewch ...
cymryd	Cymer / Cymera ...	Cymerwch ...
dechrau	Dechreua ...	Dechreuwch ...
dweud	Dyweda ...	Dywedwch ...
gadael	Gad / Gadawa ...	Gadewch ...
gofyn	Gofynna ...	Gofynnwch ...
gorffen	Gorffenna ...	Gorffennwch ...
gwrando	Gwrandawa ...	Gwrandewch ...
meddwl	Meddylia ...	Meddyliwch ...
mwynhau	Mwynha ...	Mwynhewch ...
rhoi	Rho ...	Rhowch ...
troi	Tro ...	Trowch ...

Llenwch y bylchau.

Yn y dosbarth

1. _____ ar yr athro. (gwrando)
2. _____ y drws. (cau)
3. _____ y gwaith. (gorffen)
4. _____ y dudalen. (troi)
5. _____ y gwaith. (mwynhau)
6. _____ eich tro, ferched. (aros)
7. _____'r frawddeg wrth dy bartner di, Lyn. (dweud)
8. _____ am bobl eraill, blant. (meddwl)
9. _____ eich bagiau wrth y drws. (rhoi)
10. _____ yr ystafell yn dawel os gwelwch yn dda, blant. (gadael)

Gorchmynion: y negyddol | Gwella'r Gair

I ddweud wrth rywun am **beidio â** gwneud rhywbeth, dilynwch un o'r patrymau hyn:

Dim ...!

Dim rhedeg!

Dim bwyta yn y dosbarth!

Paid â ...!	**Peidiwch â ...!**
Ffurfiau **Ti**	Ffurfiau **Chi**
(siarad â ffrind)	(siarad â rhywun hŷn neu â mwy nag un person)
Paid â siarad mor uchel.	**Peidiwch â** siarad mor uchel.
Paid â thorri ar draws.	**Peidiwch â th**orri ar draws.
Paid â rhedeg o gwmpas.	**Peidiwch â** rhedeg o gwmpas.

Cofiwch, mae treiglad llaes yn dilyn **â**.

Llenwch y bylchau. Cofiwch dreiglo os oes angen.

1. _____ siarad, fechgyn.
2. Ben, _____ bwyta yn y dosbarth.
3. Jo, _____ cnoi gwm.
4. Alys, _____ rhoi dy draed ar y bwrdd.
5. Erin ac Alys, _____ torri ar draws.
6. Allan â chi ond _____ rhuthro, ferched.
7. Idwal, _____ rhedeg mor wyllt.
8. Sam, _____ gweiddi dros bob man!
9. _____ chwarae ar y cae, fechgyn, oherwydd mae'n wlyb.
10. _____ taflu'r bêl yn rhy galed, Alys.

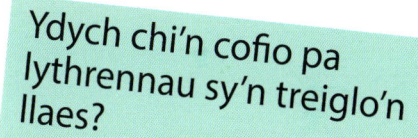

> Ydych chi'n cofio pa lythrennau sy'n treiglo'n llaes?
>
> Ewch i adran *Y Treigladau* i atgoffa'ch hun.

Arddodiaid

Gwella'r Gair | Beth yw arddodiad?

Mae arddodiad yn dweud:

- **ble** mae rhywbeth, e.e. wrth, rhwng, ar, dan
- **pryd** mae rhywbeth yn digwydd, e.e. ar ôl, cyn, yn ystod, am, yn

Fel arfer, rydyn ni'n defnyddio arddodiad gyda berf neu enw, e.e. ar ôl gadael, cyn cychwyn, am wythnos, dan y bwrdd.

Edrychwch ar y brawddegau yma. Tanlinellwch yr arddodiaid.

1. Mae'r creonau yn y bocs.
2. Rhowch y llyfrau yn y cwpwrdd.
3. Brwsia dy ddannedd ar ôl bwyta brecwast.
4. Gorffennwch eich gwaith cyn mynd allan i chwarae.
5. Roedd Jo yn byw yn Llundain ond nawr mae'n byw drws nesa i fi.

Dysgwch yr arddodiaid isod.

am	ar	at	gan
heb	i	o	dan
dros	drwy	wrth	hyd

Allwch chi feddwl am rap i'ch helpu i'w cofio nhw?

Arddodiad + y treiglad meddal | Gwella'r Gair

Mae treiglad meddal ar ôl yr arddodiaid sydd i'w gweld ar dudalen 94.

Tanlinellwch y treiglad meddal yn y brawddegau isod.

1. Daeth hi o Fangor.

2. Es i at bennaeth yr ysgol.

3. Hedfanon ni o Gaerdydd.

4. Aethon nhw i gartref y plant.

5. Roedd e ar ddesg yr athrawes.

6. Mae ganddi hi frawd a chwaer.

7. Pwy gerddodd o Lanuwchllyn i'r Bala?

8. Roedd gwall sillafu ar waelod y dudalen.

9. Glywaist ti am y ddamwain ar fuarth Ysgol y Nant?

10. Roedd ofn arnyn nhw adael achos roedd hi'n dywyll.

> Ydych chi'n cofio sut mae'r llythrennau'n newid?
> Ewch i adran *Y Treigladau* i atgoffa'ch hun.

Gwella'r Gair | Arddodiad + y treiglad trwynol

> Mae treiglad trwynol ar ôl yr arddodiad **yn** (*in*).

Ydych chi'n cofio sut mae'r llythrennau'n newid? Ewch i adran Y Treigladau i atgoffa'ch hun.

Llenwch y bylchau gyda ffurfiau cywir y geiriau mewn cromfachau. Newidiwch yr **yn** hefyd os oes angen.

1. Rydw i'n byw yn _____ (Dinbych).
2. Mae hi'n aros yn _____ (tŷ) ei brawd.
3. Roedd y sioe yn _____ (Tremadog).
4. Ydy hi'n mynd i'r ysgol yn _____ (Dowlais)?
5. Byddan nhw'n cysgu yn _____ (Trefynwy).
6. Roedd hi'n byw yn _____ (Bangor).
7. Rydw i'n mynd i weld y pêl-droed yn _____ (Caerdydd).
8. Roedden nhw'n cysgu yn _____ (carafán) John.
9. Rhowch ateb yn _____ (pob) blwch.
10. Roedd y plant yn sefyll yn _____ (canol) yr ystafell.

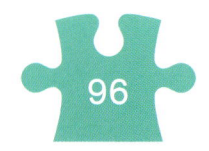

'yn' a 'mewn' | Gwella'r Gair

> Mae'n rhaid defnyddio **mewn** o flaen **enw amhendant**, (*in a*), e.e. mewn car. Fel arfer, mae enw amhendant yn dechrau â llythyren fach.
>
> Mae'n rhaid defnyddio **yn** o flaen **y, yr, priflythyren, pob, canol**, e.e. yn Aberdyfi, yng Nghaerfyrddin, ym mhob ysgol, yng nghanol y dref.
>
> Mae'n rhaid defnyddio **yn** o flaen **rhagenw**, e.e. yn eich tŷ chi.

Rhowch **yn** neu **mewn** yn y bylchau. Newidiwch yr **yn** os oes angen. Treiglwch os oes angen.

Ydych chi'n cofio sut mae'r llythrennau'n newid? Ewch i adran Y Treigladau i atgoffa'ch hun.

1. Mae fy mhen-blwydd i _____ Chwefror.
2. Mae hi'n eistedd _____ parlwr hufen iâ.
3. Bydd pen-blwydd yr efeilliaid _____ mis.
4. Pwy sy'n byw _____ Trefynwy?
5. Oedd hi'n chwarae _____ tŷ bach twt?
6. Mae'r sinema _____ canol y dref.
7. Maen nhw'n hapus iawn _____ yr ysgol.
8. Bydda i'n ddeuddeg _____ blwyddyn.
9. Galwa amdanaf _____ hanner awr.
10. Pwy sy'n byw _____ Penygroes?

Gwella'r Gair | Rhedeg arddodiaid

Pan fydd rhagenw (e.e. **fi, ti**) yn dilyn arddodiad, rhaid gwneud yn siwr bod terfyniad yr arddodiad yn cyfateb i'r rhagenw, e.e.

am + hi = amdani hi.

Dyma'r arddodiad **am** yn llawn.

Pan fydd enw person ar ôl yr arddodiad does dim angen i'r arddodiad newid.

Arddodiad	Rhagenw	Arddodiad + rhagenw
am	fi	am**dana i**
	ti	am**danat ti**
	fe/fo	am**dano fe/fo**
	hi	am**dani hi**
	ni	am**danon ni**
	chi	am**danoch chi**
	nhw	am**danyn nhw**
	Siân	am Siân

Rhowch y terfyniad cywir ar yr arddodiad. Mae'r un cyntaf wedi ei wneud i chi.

1. am + nhw = amdanyn nhw
2. am + fi =
3. am + chi =
4. am + ni =
5. am + ti =
6. am + hi =

Llenwch y bylchau yn y brawddegau a'r cwestiynau gyda ffurf gywir yr arddodiad **am**.

1. Roedden nhw'n siarad _____ ni.
2. Ddarllenais i ddim _____ hi.
3. Oeddet ti'n gwybod _____ nhw?
4. Fyddi di'n poeni _____ i?
5. Glywaist ti _____ i'n ennill y gystadleuaeth?

Dyma'r arddodiad **at** yn llawn.

Arddodiad	Rhagenw	Arddodiad + rhagenw
at	fi	at**a i**
	ti	at**at ti**
	fe/fo	at**o fe/fo**
	hi	at**i hi**
	ni	at**on ni**
	chi	at**och chi**
	nhw	at**yn nhw**
	Siân	at Siân

Rhowch y terfyniad cywir ar yr arddodiad. Mae'r un cyntaf wedi ei wneud i chi.

1. at + nhw = atyn nhw
2. at + fi =
3. at + chi =
4. at + ni =
5. at + ti =
6. at + hi =

Llenwch y bylchau yn y brawddegau a'r cwestiynau gyda ffurf gywir yr arddodiad **at.**

1. Wyt ti wedi ysgrifennu _____ hi?
2. Mae e wedi anfon cerdyn pen-blwydd _____ chi.
3. Aeth e _____ y pennaeth.
4. Cer _____ nhw.
5. Tyrd _____ i.

Dyma'r arddodiad **ar** yn llawn.

Arddodiad	Rhagenw	Arddodiad + rhagenw
ar	fi	ar**na i**
	ti	ar**nat ti**
	fe/fo	ar**no fe/fo**
	hi	ar**ni hi**
	ni	ar**non ni**
	chi	ar**noch chi**
	nhw	ar**nyn nhw**
	Siân	ar Siân

Rhowch y terfyniad cywir ar yr arddodiad. Mae'r un cyntaf wedi ei wneud i chi.

1. ar + nhw = arnyn nhw
2. ar + fi =
3. ar + chi =
4. ar + ni =
5. ar + ti =
6. ar + hi =

Llenwch y bylchau yn y brawddegau a'r cwestiynau gyda ffurf gywir yr arddodiad **ar.**

1. Doedd dim ofn y ci _____ i.
2. Oes syched _____ ti?
3. Mae annwyd _____ nhw.
4. Rho'r llyfr _____ y silff.
5. Roedd cywilydd _____ hi.

Dyma'r arddodiad **i** yn llawn.

Arddodiad	Rhagenw	Arddodiad + rhagenw
i	fi	i **fi**
	ti	i **ti**
	fe/fo	i**ddo fe/fo**
	hi	i**ddi hi**
	ni	i **ni**
	chi	i **chi**
	nhw	i**ddyn nhw**
	Siân	i Siân

Rhowch y terfyniad cywir ar yr arddodiad os oes angen. Mae'r un cyntaf wedi ei wneud i chi.

1. i + nhw = iddyn nhw
2. i + fi =
3. i + fe/fo =
4. i + ni =
5. i + ti =
6. i + hi =

Llenwch y bylchau yn y brawddegau a'r cwestiynau gyda ffurf gywir yr arddodiad **i**.

1. Bydd rhaid _____ hi fynd at y nyrs.
2. Mae'n well _____ ti wrando ar yr athro.
3. Fydd angen _____ ni fynd i'r siop?
4. Does dim rhaid _____ nhw wneud gwaith cartref.
5. Bydd hi'n well _____ fe fynd i'r clwb brecwast.

Dyma'r arddodiad **gan** yn llawn.

Arddodiad	Rhagenw	Arddodiad + rhagenw
gan	fi	**gennyf i**
	ti	**gennyt ti**
	fe/fo	**ganddo fe/fo**
	hi	**ganddi hi**
	ni	**gennyn ni**
	chi	**gennych chi**
	nhw	**ganddyn nhw**
	Siân	gan Siân

Rhowch y terfyniad cywir ar yr arddodiad. Mae'r un cyntaf wedi ei wneud i chi.

1. gan + nhw = ganddyn nhw
2. gan + fi =
3. gan + chi =
4. gan + ni =
5. gan + ti =
6. gan + hi =

Llenwch y bylchau yn y brawddegau a'r cwestiynau gyda ffurf gywir yr arddodiad **gan.**

1. Mae dau frawd _____ i.
2. Oes arian _____ ti?
3. Ydy'r creonau _____ nhw?
4. Roedd ci a chath _____ fe.
5. Roedd llyfr newydd _____ y plant.

Dyma'r arddodiad **o** yn llawn.

Arddodiad	Rhagenw	Arddodiad + rhagenw
o	fi	o**hono i**
	ti	o**honot ti**
	fe/fo	o**hono fe/fo**
	hi	o**honi hi**
	ni	o**honon ni**
	chi	o**honoch chi**
	nhw	o**honyn nhw**
	Siân	o Siân

Rhowch y terfyniad cywir ar yr arddodiad. Mae'r un cyntaf wedi ei wneud i chi.

1. o + nhw = ohonyn nhw
2. o + fi =
3. o + chi =
4. o + ni =
5. o + ti =
6. o + hi =

Llenwch y bylchau yn y brawddegau a'r cwestiynau gyda ffurf gywir yr arddodiad **o**.

1. Roedd saith _____ ni yn y tîm.
2. Faint _____ nhw oedd yn y cyngerdd?
3. Roedd y ddau _____ chi'n siarad!
4. Bydd rhan _____ i'n teimlo'n drist.
5. Dyma'r llyfr. Pa ran _____ fe rwyt ti'n hoffi?

Gwella'r Gair | Berfau ac arddodiaid

> Weithiau, mae berf yn cael ei dilyn gan yr un arddodiad yn y Gymraeg a'r Saesneg, e.e. mynd **i** (*to go* ***to***).
>
> Weithiau, mae berf yn cael ei dilyn gan arddodiad gwahanol yn y Gymraeg a'r Saesneg, e.e. edrych **ar** (*to look* ***at***).

Mae'r arddodiaid anghywir yn cael eu defnyddio yn y brawddegau yma. Cywirwch nhw. Mae'r arddodiaid yn y pum brawddeg gyntaf wedi eu tanlinellu.

1. Pwy oedd yn siarad <u>i</u> ti?
2. Beth sy'n bod <u>gyda</u> Ceri?
3. Mae'r plant yn edrych <u>i'r</u> lluniau.
4. Pwy oedd yn chwarae <u>i'r</u> ysgol ddoe?
5. Wyt ti'n gofalu <u>ar ôl</u> y ci bob dydd?
6. Pwy oedd yn gweiddi atyn nhw?
7. Mae'n well i ti wrando i'r pennaeth.
8. Wyt ti wedi ysgrifennu i'r heddlu?
9. Roedd peswch ofnadwy gyda nhw.
10. Mae hi wedi dweud i fi am y daith.

Arddodiaid mewn ymadroddion | Gwella'r Gair

Mae rhai arddodiaid yn cael eu defnyddio mewn ymadroddion.

Dyma ymadroddion **ar**:

| ar (*to owe*) | cywilydd | ofn | hiraeth | chwant bwyd | syched |
| annwyd | peswch | ffliw | gwres | y ddannoedd |

e.e. Roedd y ddannoedd arno fe.

Dyma ymadroddion **i**:

angen   bryd   hen bryd   rhaid   well

e.e. Mae'n hen bryd i ti wrando.

Rhowch yr arddodiad cywir yn y bylchau isod.

1. Roedd _____ John arian i Twm.
2. Bydd chwant bwyd _____ y plant.
3. Mae'r ddannoedd _____ Elin.
4. Ydy hi'n bryd _____ 'r bws ddod?
5. Mae'n well _____ ti wrando.

Rhowch ffurf gywir yr arddodiad yn y bylchau isod.

1. Roedd cywilydd _____ hi.
2. Mae'n hen bryd _____ nhw ddysgu treiglo.
3. Mae peswch _____ i.
4. Oes gwres _____ nhw?
5. Mae angen _____ fe ddod ag arian i dalu am y trip.

Gwella'r Gair | Dim arddodiad ar ddiwedd brawddeg

> Dydych chi ddim yn gallu gorffen brawddeg gydag arddodiad heb derfyniad, e.e.
>
> Beth rwyt ti'n siarad am? ☒
> Am beth rwyt ti'n siarad? ☑

Cywirwch y brawddegau yma. Mae rhai gwallau wedi eu tanlinellu.

1. Ble rwyt ti'n mynd i?
2. Beth mae hi wedi talu am?
3. Ble maen nhw'n dod o?
4. Beth rwyt ti'n cyfeirio at?
5. Pwy rydych chi'n chwarae yn erbyn?
6. Ble est ti i?
7. Beth roedd hi'n talu am?
8. Pwy wnest ti ddweud wrth?
9. Pwy roedden nhw'n siarad am?
10. Pwy aethon nhw i Abergwaun gyda?

Adran B

Sgiliau Geiriadur

Gwrywaidd, benywaidd a lluosog | Gwella'r Gair

Lliwiwch yr enwau benywaidd unigol yn felyn, yr enwau gwrywaidd unigol yn wyrdd a'r enwau lluosog yn las. Mae un ateb ym mhob llinell.

Rheolau'r Ystafell Ymarfer Corff

1. Gwisgwch eich esgidiau.
2. Arhoswch y tu allan i'r drws yn dawel ac yn drefnus.
3. Peidiwch â siarad na gwthio wrth fynd i mewn i'r ystafell.
4. Eisteddwch yn dawel ar y meinciau.
5. Gwrandewch yn ofalus ar yr athrawes.

Lliwiwch yr enwau benywaidd unigol yn felyn, yr enwau gwrywaidd unigol yn wyrdd a'r enwau lluosog yn las. Mae pum enw i gyd yn y rheolau.

Rheolau'r Ffreutur

1. Gwnewch linell drefnus yn y ffreutur.
2. Dewiswch eich bwydydd ac ewch i eistedd wrth y byrddau.
3. Ar ôl i chi orffen bwyta, cliriwch y llestri i gyd cyn gadael.

Treigladau

Gwella'r Gair | Tasgau adolygu

Mae deg treiglad yn y stori yma. Mae pump ohonyn nhw wedi eu tanlinellu ond rhaid i chi ddod o hyd i'r pump arall ar eich pen eich hun.

Dyma'r tro cyntaf i'r efeilliaid, Wil a Mari, <u>fynd</u> ar y trên ar eu pen eu hunain. Dyma'r tro cyntaf iddyn nhw <u>deithio</u> yn y nos hefyd. Roedden nhw newydd eistedd pan <u>gofiodd</u> Mari am ei chot hi.

"Rydw i wedi anghofio fy nghot i," gwaeddodd. "Rhaid i fi <u>redeg</u> i'w nôl hi."

Rhuthrodd oddi ar y trên ac i mewn â hi i'r ystafell aros ond doedd dim golwg o'r <u>got</u> yn unman. Clywodd Wil yn galw arni hi o'r trên,

"Dere, Mari, rydyn ni'n mynd."

Neidiodd yn ôl ar y trên a'i gwynt yn ei dwrn. Eisteddodd wrth ochr ei brawd.

"Beth ydw i'n mynd i wneud nawr?" gofynnodd. "Bydd Dad yn wallgof achos roedd hi'n newydd."

"Paid â phoeni", atebodd ei brawd. "Dyma hi!"

Ysgrifennwch y geiriau sydd wedi treiglo yn y darn yn y blychau isod ac yna, ysgrifennwch y gair cyn iddo dreiglo wrth ei ochr. Mae'r un cyntaf wedi ei wneud i chi.

1. fynd	mynd
2.	
3.	
4.	
5.	

6.	
7.	
8.	
9.	
10.	

Mae pum treiglad yn yr agenda yma.

Copïwch y geiriau sydd wedi treiglo i'r golofn gyntaf.

Yna, ysgrifennwch enw'r treiglad yn yr ail golofn, e.e. treiglad trwynol.

Cyfarfod Clwb Gwyddoniaeth Ysgol Aber-bach

yn

Ystafell dylunio a thechnoleg G2

Dydd Mercher 20 Mai am 12:30

Agenda

1. Croeso
2. Ymddiheuriadau
3. Cofnodion y cyfarfod diwethaf
4. Trafodaeth ar raglen y tymor nesaf
5. Ymweliad â Chanolfan y Bae yng Nghaerdydd
6. Unrhyw fater arall

	Colofn 1	Colofn 2
1.		
2.		
3.		
4.		
5.		

Atalnodi

Gwella'r Gair | Tasgau adolygu

Atalnodwch yr e-bost. Mae pum cliw wedi eu tanlinellu yn y paragraff cyntaf ond mae'n rhaid i chi ddod o hyd i'r pum camgymeriad arall yn ail hanner yr e-bost.

Oddi wrth:	Robyn

At: Nadine

Pwnc: Sut mae?

annwyl Nadine,

Sut wyt ti_ Rwy'n gobeithio dy fod yn teimlon well. Rwy eisiau dod draw i dy weld di cyn diwedd yr wythnos os yw hynny'n iawn gyda ti_ Mae pawb yn yr ysgol yn cofio atat ti, ond, yn anffodus, mae Miss yn anfon gwaith mathemateg _ Cymraeg a Saesneg atat ti.

Aethon ni am drip i Gastell Henllys yr wythnos diwetha. Roedd gweld sut roedd y celtiaid yn byw yn ddiddorol iawn. Roedd y tywydd yn ofnadwy ac roedden nin wlyb diferu yn mynd yn ôl i'r bws. Tynnwch eich cotiau gwlyb" meddai Miss. tynnon ni'n cotiau a dechrau ar y daith adre ar ôl cael diwrnod wrth ein bodd.

Cei di hanes y diwrnod yn llawn pan wela i di.

Cofion,
Robyn.

Cywirwch y gwallau atalnodi yn y dyddiadur. Mae'r pum gwall cyntaf wedi eu tanlinellu'n barod i chi.

Dydd sadwrn

Y penwythnos or diwedd. Hwre? Roeddwn i wedi bod yn edrych ymlaen gymaint at rownd derfynol y gystadleuaeth! Ces i ddiwrnod ardderchog achos enillon ni yn erbyn y Llan, ac Aber.

Yn anffodus collon ni yn y rownd gyn-derfynol ac felly Roedden ni gartref erbyn hanner awr wedi tri Roedd lasagne i de. Mwynheais in fawr iawn. Yna, aethon ni i'r Sinema fel teulu.

Cysyllteiriau

Gwella'r Gair | 'a' / 'ac'

1. Rhowch **a** neu **ac** yn y bylchau sydd yn y dyddiadur bwyd isod.

> I frecwast y bore 'ma, ces i gig moch _____ wy wedi ffrio. Yna, amser snac, ces i ddŵr _____ darn o oren. Amser cinio, ces i frechdanau tiwna _____ phecyn bach o greision. Pan gyrhaeddais i adre o'r ysgol, eisteddais i o flaen y teledu _____ yfais i wydraid o laeth. Hyfryd! Yna, i swper, cawson ni i gyd lasagne a bara garlleg.

2. Cywirwch y gwallau yn y dyddiadur isod.

> Y bore 'ma, codais i'n gynnar ag es i i'r ysgol erbyn hanner awr wedi wyth achos roedd ymarfer dawns gen i. Buon ni'n ymarfer am hanner awr â yna, aethon ni i gael brecwast o dost a wy wedi ferwi. Bwytais i'r bwyd yn gyflym a yfais i ychydig o ddŵr. Roeddwn i'n barod i fynd i'r dosbarth pan ddaeth y pennaeth ata i a gofyn i fi fynd ar neges drosti. Cerddais i'n gyflym i'r uned feithrin ac rhoi'r neges i Mr Davies. Erbyn i mi wneud hyn i gyd, roeddwn i wedi blino a doeddwn i ddim wedi dechrau ar fy ngwersi eto!

Tasgau adolygu | **Gwella'r Gair**

Rhowch y cysylltieriau yma yn y bylchau sydd yn y cyfarwyddiadau isod ar gyfer gwneud cawl. Mae mwy o gysyllteiriau nag o fylchau.

yn olaf	achos	ac	a	yn gyntaf
felly	yn ail	neu	yna	ar ôl i

Dull

1. _____, golchwch eich dwylo _____ gwisgwch ffedog.

2. _____, mesurwch y cynhwysion yn ofalus.

3. Golchwch y llysiau.

4. Ffriwch y cig am ychydig cyn ei roi yn y sosban _____ bydd hyn yn rhoi gwell blas i'r cawl.

5. _____, berwch y cyfan ar wres cymhedrol am ddwy awr.

Rhowch gysylltair yn y bylchau sydd yn y darn isod.

Cyfarwyddiadau taith gerdded yr ysgol i Abertaf

Bydd y bws yn gadael yr ysgol am 9:30 fore dydd Iau nesaf _____ yn codi plant wrth y Coleg Amaeth am 9:45. Cofiwch wisgo dillad addas.

1. _____, cofiwch wisgo siaced ysgafn sy'n dal dŵr _____ efallai bydd hi'n bwrw glaw.

2. Mae trowsus hir, ysgafn yn well na throwsus byr.

3. Dewch ag eli haul, rhag ofn bydd yr haul yn disgleirio.

4. Mae angen esgidiau addas i gerdded y llwybrau garw, _____ peidiwch â gwisgo sandalau.

5. Peidiwch ag anghofio'ch cap. Bydd yn ddefnyddiol yn y glaw _____ yn yr haul.

6. _____, cofiwch eich pecyn bwyd.

Enwau

Rhifolion gydag enwau | Gwella'r Gair

Edrychwch ar y rhestr siopa yma ac ysgrifennwch hi eto gan ddefnyddio geiriau yn lle ffigyrau.

4 afal
2 dorth
3 phecyn o fenyn
2 oren
3 potelaid o laeth

Edrychwch ar y rhestr siopa yma ac ysgrifennwch hi eto gan ddefnyddio geiriau yn lle ffigyrau. Treiglwch hefyd os oes angen.

4 tun o ffa pob
2 potelaid o bop
3 pysgodyn
2 cyw iâr
3 teisen fach

Gwella'r Gair | Enwau lluosog

Trowch yr enwau cyffredin yn y dyddiadur yma i'r lluosog. Mae deg enw i gyd. Mae pump ohonyn nhw wedi eu tanlinellu ond rhaid i chi ddod o hyd i'r gweddill eich hunan.

Dydd Gwener

Rwyf newydd gyrraedd adre heddiw ar ôl gwyliau gwych gyda fy ffrind yn Sir Benfro. Y peth gorau oedd mynd i'r fferm. Aethon ni yno gyda fy mrawd a fy chwaer a gwelon ni fuwch, tarw, dafad a cheffyl. Cawson ni brofiad gwych.

Tasg adolygu | **Gwella'r Gair**

Trowch yr enwau unigol yn y blog yma i'r lluosog. Mae pump wedi eu tanlinellu ond mae rhaid i chi ddod o hyd i'r pump arall ar eich pen eich hun. Cofiwch newid y treiglad os oes angen.

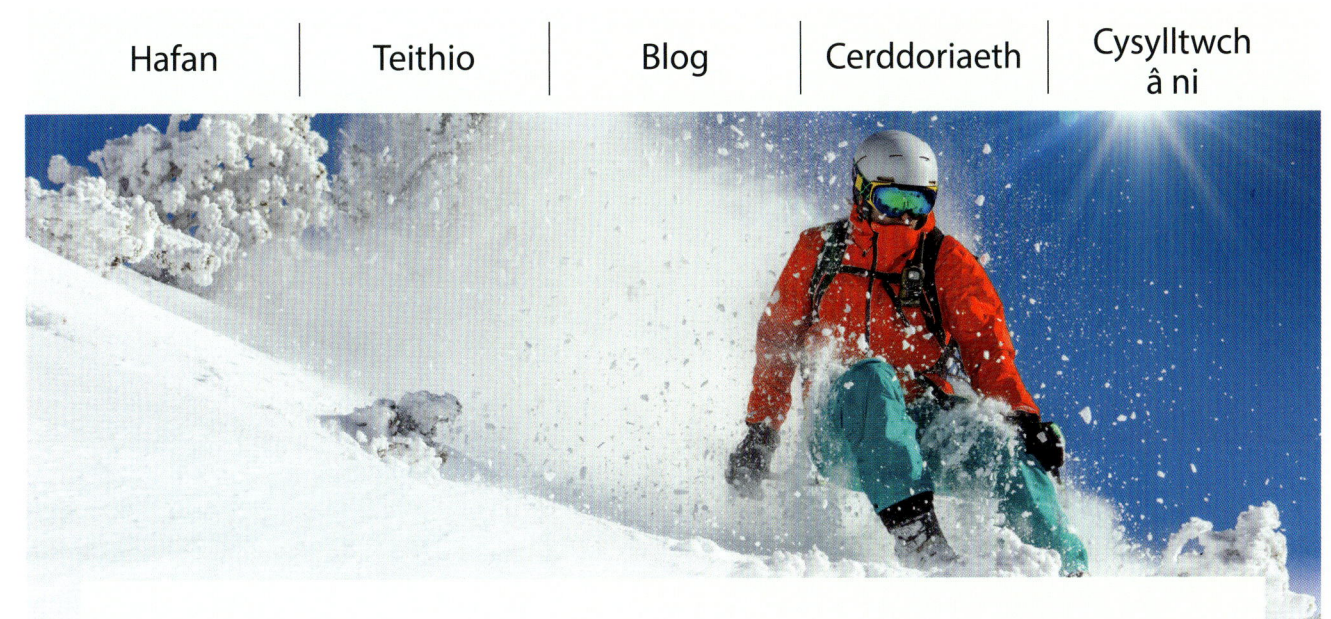

| Hafan | Teithio | Blog | Cerddoriaeth | Cysylltwch â ni |

Mae'r <u>daith</u> wedi bod yn hir ac yn ddiflas iawn. Roedd y <u>bws</u> yn ofnadwy o araf yn mynd i fyny'r <u>mynydd</u> ond cyrhaeddon ni'r <u>gwesty</u> erbyn deg o'r gloch. Aethon ni'n syth i'r <u>ystafell wely</u> achos roedden ni wedi blino'n lân.

Pan ddihunon ni roedden ni'n teimlo'n well ac yn barod am ddiwrnod bendigedig o sgïo. Ar ôl i ni fwyta ac yfed, pacion ni'r bag ac aethon ni i chwilio am y siop i ni gael llogi sgis. Yna, aethon ni i weld ble roedd y lifft i fynd â ni i fyny'r llethr serth.

Roedden ni mor gyffrous ac yn edrych ymlaen at wyliau sgïo ffantastig.

Ansoddeiriau

Gwella'r Gair | **'yn' + treiglad meddal**

Cywirwch y deg camgymeriad yn y darn hwn. Mae'r pum gwall cyntaf wedi eu tanlinellu. Rhaid i chi ddod o hyd i'r gweddill eich hunan.

Y Parti

Mae Lyn a Ceri mewn parti yn nhŷ Elis.

Lyn: Mae'r parti yma'n <u>d</u>a.

Ceri: Ydy. Mae'n <u>g</u>wych.

Lyn: (*yn pwyntio at gacen ar ganol y bwrdd*) Wyt ti eisiau darn o gacen? Mae'n <u>b</u>lasus.

Ceri: Diolch. Mmmm, (*yn bwyta*) mae'n <u>m</u>elys. O, dyma Elis yn dod.

Elis: (*yn cerdded tuag atyn nhw*) Diolch am ddod i'r parti. Ydych chi'n mwynhau?

Ceri: O, ydyn, diolch, Elis. Mae popeth yn grêt ac mae'r bwyd yn <u>b</u>endigedig.

Elis: Diolch i chi am yr anrhegion pen-blwydd. Rydych chi'n caredig iawn.

Lyn: Croeso.

Elis: (*yn cerdded tuag at barasiwt sydd ar ganol y llawr*). Edrychwch, rydyn ni wedi cael benthyg parasiwt. Ydych chi eisiau dod i chwarae gemau parasiwt?

Lyn: (*yn edrych ar y parasiwt*). Mae'n mawr iawn.

Ceri: Mae'n liwgar iawn hefyd.

Elis: (*yn galw ar bawb arall yn y parti*). Dewch i chwarae gemau parasiwt, bawb. Ydych chi'n parod i gael hwyl? Mae gemau parasiwt yn cyffrous iawn. Dewch ...

Tasgau adolygu | **Gwella'r Gair**

Cywirwch y pum camgymeriad yn y poster hwn.

> ★ **SIOE ANIFEILIAID** ★
>
> YN Y PARC
> DYDD SADWRN, GORFFENNAF 4, 10:30-1:00
>
> ANIFEILIAID FACH A MAWR
> ANIFEILIAID HEN AC ANIFEILIAID IFANC
> GWOBRAU WYCH
> MAE'R SIOE ANIFEILIAID YN CYFFROUS
> BOB BLWYDDYN.
>
> DEWCH YN CYNNAR!

Cywirwch y pum camgymeriad yn y dyddiadur hwn.

Es i i lan y môr gyda'r teulu ac roedd e'n gwych. Ces i amser anhygoel!

Roedd y tywydd yn heulog ac roedd hi'n andros o cynnes. Roedd hi'n rhy poeth i chwarae ar y tywod!

Felly, aethon ni i nofio yn y môr. Roedd e'n ffantastig.

Roedd Mam wedi paratoi picnic i ni – brechdanau tomato ac wy (fy hoff brechdanau i), cacen blasus tu hwnt, ffrwythau ac iogwrt. Roedd rhaid i ni fwyta'r gacen i gyd achos roedd hi'n toddi yn y gwres. Doedd hyn ddim yn broblem i ni!

Rhagenwau

Gwella'r Gair | Rhagenwau personol

Cywirwch y gwallau yn y sgwrs hon. Mae pum gwall wedi eu tanlinellu ond mae'n rhaid i chi ddod o hyd i'r pum gwall arall ar eich pen eich hun.

Tim: Wyt ti wedi gweld <u>cot fi</u>?

Nichola: Mae hi o dan dy bag di ar y peg yn yr ystafell gotiau.

Tim: Ydy, wrth gwrs, roeddwn i wedi anghofio'i bod hi gyda <u>fy bag</u> i. Ydy sgidiau ymarfer corff ti gyda ti?

Nichola: Ydyn, maen nhw yn y bag. Dere, neu byddwn ni'n hwyr i fynd i weld brawd fi yn <u>tŷ ni</u>.

Tim: O'r gorau ond rydw i wedi anghofio nôl ffliwt fi o'r ystafell gerdd.

Nichola: O na! Rwyt ti'n waeth na <u>fy tad</u> am anghofio pethau. Rwyt ti'n lwcus bod pen ti'n sownd!

Tim: Paid â siarad dwlu. Does neb cynddrwg â <u>teulu ti</u> am anghofio pethau.

Tasg adolygu | **Gwella'r Gair**

Mae deg gwall yn yr e-bost yma. Mae pump wedi eu tanlinellu ond mae rhaid i chi ddod o hyd i'r pump arall ar eich pen eich hun. Cywirwch y gwallau i gyd.

Oddi wrth: Steff

At: Ceri

Pwnc: Diolch

Annwyl Ceri

Gair yn fyr i ddiolch i ti am anrheg ti a'r cerdyn. Ces i ben-blwydd bendigedig. Ches i ddim parti eleni ond aeth fy <u>tad</u> â fi a fy <u>brawd</u> allan am bryd o fwyd. Roedd y bwyd yng Nghanolfan y Felin yn fendigedig. Roedd popeth mor flasus! Doedd dim byd ar ôl ar ein <u>blatiau</u> ni! Rwy'n edrych ymlaen yn barod at ben-blwydd <u>brawd fi</u> y mis nesa i ni gael mynd yno eto.

Ar y ffordd adre, gwelon ni Mari yn y parc. Roedd ei ci bach newydd gyda hi. Prynodd ei <u>tad</u> hi fe iddi hi ar ei pen-blwydd hi fis yn ôl. Roedd e mor ciwt! Roedden ni wrth ein fodd yn chwarae gyda fe.

Unwaith eto, diolch i ti am dy cerdyn a'r anrheg. Dere draw i'n gweld ni cyn bo hir.

Cofion

Steff

Berfau

Gwella'r Gair | Y presennol

Llenwch y bylchau isod.

Oddi wrth: Alex Tomos

At: Sam Evans

Pwnc: Parti pen-blwydd

Helo Sam

Rydw i'n cael parti pen-blwydd ddydd Sadwrn nesaf. _____ Mam a Dad yn trefnu syrpreis i fi. _____ nhw'n mynd i yrru 3 ffrind a fi i rywle arbennig ac yno _____ ni'n mynd i wneud pethau diddorol. _____ i'n teimlo'n gyffrous iawn oherwydd _____ i'n hoffi cael syrpreis.

Mae Jo a Chris yn dod. Wyt ti eisiau dod hefyd?

Hwyl

Alex

Cywirwch y pum camgymeriad yn y darn hwn sy'n rhan o broffil.

Matt

Mae Matt yn hwyl! Mae e'n byw drws nesaf i fi ac rydyni'n cael llawer o hwyl gyda'n gilydd.

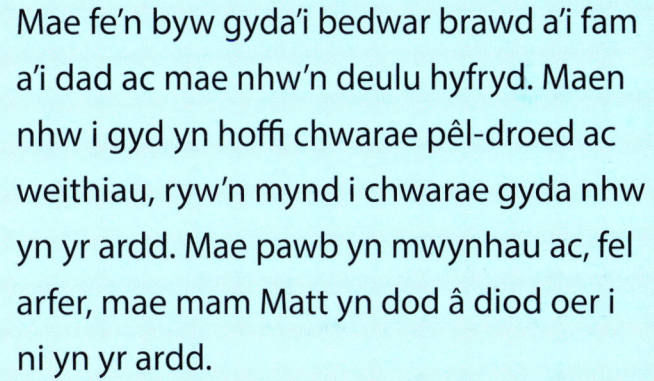

Mae fe'n byw gyda'i bedwar brawd a'i fam a'i dad ac mae nhw'n deulu hyfryd. Maen nhw i gyd yn hoffi chwarae pêl-droed ac weithiau, ryw'n mynd i chwarae gyda nhw yn yr ardd. Mae pawb yn mwynhau ac, fel arfer, mae mam Matt yn dod â diod oer i ni yn yr ardd.

Mae Matt yn berson penderfynol iawn. Mae e'n eisiau ennill bob amser.

Gwella'r Gair | Y negyddol

Cywirwch y camgymeriadau yn y darn hwn.

Amser cofrestru

Mae Miss Ifans yn cofrestru'r dosbarth.

Miss Ifans: Irfan? … Irfan?

Lois: <u>Mae</u> e ddim yma, Miss.

Miss Ifans: O, diar! Ceri.

Ceri: Yma, Miss.

Miss Ifans: Wyt <u>ti'n</u> eisiau cinio ysgol heddiw, Ceri?

Ceri: Dim diolch, Miss. <u>Rydw</u> i ddim yn cael cinio ysgol heddiw.

Miss Ifans: Iawn, Ben a Matt, ydych chi'n cael cinio heddiw?

Ben a Matt: Dim diolch. <u>Rydyn</u> ni ddim yn cael cinio ysgol heddiw.

Miss Ifans: Iawn, diolch yn fawr. Nawr 'te, ble mae'r llyfrau mathemateg? <u>Dydy</u> nhw ddim ar y bwrdd.

Cywirwch y pum camgymeriad yn y darn hwn.

Pam mae rhaid i ni wisgo gwisg ysgol?

Rydw i ddim yn hoffi gwisgo gwisg ysgol!

Yn gyntaf, mae'r dillad ddim yn gyfforddus. Rydw i'n hoffi gwisgo treinyrs, crys T a jîns oherwydd maen nhw'n gyfforddus ond mae'r wisg ysgol yn anghyfforddus - yn enwedig os ydych chi'n chwarae pêl-droed amser chwarae. Rydyn ni ddim yn gallu rhedeg o gwmpas yn hawdd mewn trowsus llwyd smart ac esgidiau du!

Mae rhai pobl yn dweud bod gwisg ysgol yn dda achos mae pob plentyn yn edrych yr un fath. Wel, beth am farn y plant? Maen nhw ddim eisiau edrych yr un fath â phawb arall.

Yn bendant, dydw i ddim yn hoffi'r wisg ysgol a dydw i ddim yn eisiau gwisgo'r wisg yfory eto!

Gwella'r Gair | Gofyn ac ateb cwestiynau

Ysgrifennwch un o'r canlynol yn y bylchau yn y sgwrs.

| Nac ydy | Ydw | Nac ydyn | Ydy | Ydyn |

Bore dydd Sadwrn

Dad: Wyt ti eisiau mynd i'r pwll nofio y bore 'ma?

Chris: _____, os gweli di'n dda.

Dad: Ydy Elin a Robin yn mynd i nofio y bore 'ma?

Chris: _____ _____, dim heddiw. Maen nhw'n mynd i weld Nain.

Dad: Ydy Nain yn byw yn y dref?

Chris: _____, mae hi'n byw wrth yr orsaf. Ydyn ni'n mynd i siopa ar ôl bod i'r pwll nofio?

Dad: _____. Rhaid i ni brynu esgidiau newydd i ti i'r ysgol. Ydy hi'n bwrw glaw tu allan?

Chris: _____ _____, mae hi'n braf iawn.

Cywirwch y pum camgymeriad yn y darn hwn.

Trefnu parti pen-blwydd

Mam: Wyt ti eisiau parti pen-blwydd eleni?

Sam: Ie, os gwelwch yn dda.

Mam: Ydy dy ffrindiau di'n cael partïon pen-blwydd?

Sam: Ie. Mae Erin yn cael parti yn y tŷ ac mae Zian yn cael parti yn y pwll nofio.

Mam: Ydy Idris yn cael parti?

Sam: Ie, yn y pwll nofio.

Mam: Ble wyt ti eisiau cael dy barti di?

Sam: Dw i eisiau cael parti i fi a fy ffrindiau gorau yma os gwelwch yn dda.

Mam: Ydych chi eisiau chwarae gemau yn yr ardd?

Sam: Ie.

Mam: Wyt ti eisiau cacen pen-blwydd?

Sam: Ie, os gwelwch yn dda.

Gwella'r Gair | Yr amherffaith

Dyma atgofion rhywun oedd yn byw yn ystod yr Ail Ryfel Byd.

Cywirwch y deg camgymeriad yn y darn. Mae pump o'r camgymeriadau wedi'u tanlinellu ar eich cyfer ond rhaid i chi ddod o hyd i'r gweddill.

Byw yn ystod yr Ail Ryfel Byd

Rydw i'n gallu cofio'r Ail Ryfel Byd yn iawn.

<u>Rydw</u> i'n siopa mewn siopau bach fel y siop ddillad, y siop fwyd, y siop fara, y siop gig. Doedd dim archfarchnadoedd.

<u>Rydyn</u> ni'n defnyddio llyfrau cwponau ac arian i brynu bwyd.

<u>Mae</u> ffrindiau newydd yn yr ysgol. <u>Maen</u> nhw'n dod o Lundain. Faciwîs oedden nhw.

Roedden ni i gyd yn ffrindiau da ac <u>rydyn</u> ni i gyd yn chwarae'n hapus gyda'n gilydd amser chwarae.

Roedd bwyd yn brin yn ystod yr Ail Ryfel Byd ac felly rydyn ni'n tyfu llawer o lysiau yn yr ardd. Roedd fi'n hoffi helpu Mam yn yr ardd achos roedd e'n hwyl. Roedd ni'n bwyta llawer o lysiau a ffrwythau.

Roedden ni ddim yn bwyta orennau a bananas achos doedd y ffrwythau yma ddim ar gael.

Roedd pobl yn gwrando ar y radio ac yn darllen ond roedd nhw ddim yn chwarae gemau cyfrifiadur fel heddiw oherwydd doedd dim gemau cyfrifiadur ar gael.

Y gorffennol | Gwella'r Gair

Cywirwch y pum camgymeriad yn nyddiadur Alex.

Dydd Sadwrn, Gorffennaf 8

Roedd heddiw'n grêt — trip i Aberystwyth!

Cododd fi am saith o'r gloch. Yna, ar ôl brecwast, aeth Mam, Rhys a fi i'r arhosfan i ddal y bws.

Ar y bws, canodd ni a bwytais i siocled — gormod o siocled achos roeddwn i'n teimlo braidd yn sâl wedyn.

Yn Aberystwyth, chwarae ni golff gwirion ar y prom a nofio ni yn y môr.

Bwyton ni ginio mewn caffi. Bwyta i sglodion a ffa. Roedd y bwyd yn flasus iawn.

Dychmygwch mai chi yw Alex. Gorffennwch y dyddiadur. Dyma beth ddigwyddodd yn y prynhawn:

- Cerdded i'r orsaf
- Dal y trên bach i fyny craig serth iawn
- Crwydro o gwmpas y castell
- Dal y bws adre am bump o'r gloch
- Cyrraedd adre am hanner awr wedi saith.

Gwella'r Gair | Y gorffennol: y negyddol

Cywirwch y pum camgymeriad yn nyddiadur Alex.

Dydd Sul, Gorffennaf 9

Roedd heddiw'n ddiwrnod diflas iawn achos roeddwn i'n teimlo'n sâl.

Deffrais i ddim tan ddeg o'r gloch a bwytais i ddim byd drwy'r bore ond yfais i ychydig o ddŵr. O, roeddwn i'n teimlo'n ddiflas!

Y prynhawn 'ma, roeddwn i'n teimlo'n sâl o hyd, felly gwnes i ddim byd – darllenais i ddim, gwyliais i ddim byd ar y teledu, chwaraeais i ddim gêm.

Bwytais i ychydig o swper ac rydw i'n teimlo ychydig yn well erbyn hyn, ond rydw i'n mynd i gysgu'n gynnar, felly nos da!

Ailysgrifennwch y darn i sôn am Alex. Byddwch yn ofalus pan fyddwch chi'n ysgrifennu'r ffurfiau negyddol!

Dydd Sul, Gorffennaf 9

Roedd heddiw yn ddiwrnod diflas iawn achos roedd Alex yn teimlo'n sâl …

_____

_____

_____

_____

_____

_____

_____

Y gorffennol: gofyn ac ateb cwestiynau

Cywirwch y camgymeriadau yn y darnau hyn. Mae camgymeriadau'r darn cyntaf wedi eu tanlinellu ar eich cyfer.

Dod i'r ysgol

Mae Surita a Miriam yn siarad ar yr iard.

Surita: <u>Dest</u> ti i'r ysgol yn y car y bore 'ma?

Miriam: <u>Nac ydw.</u>

Surita: <u>Cerddaist</u> ti?

Miriam: <u>Ie</u>. Cerddais i gyda John a Sophie, Blwyddyn 6.

Surita: <u>Gweloch</u> chi'r eliffant tu allan i'r siop newydd?

Miriam: Pardwn? Eliffant tu allan i'r siop newydd?

Surita: Wel, dyn oedd e, wedi ei wisgo fel eliffant. Roedd e'n sefyll tu allan i'r siop newydd, yn gwahodd pobl i mewn.

Y Penwythnos

Mae'r dosbarth yn defnyddio holiadur i ofyn i'w gilydd am y penwythnos.

Yasseen: Gwyliaist ti'r teledu dros y penwythnos?

Lois: Nac ydw.

Yasseen: Darllenaist ti lyfr dros y penwythnos?

Lois: Ie a darllenais i gomic.

Yasseen: Diolch, Lois. Aled ac Idris, bwytoch chi rywbeth diddorol dros y penwythnos?

Aled: Bwytais i gyrri – blasus iawn!

Idris: Bwytais i frechdanau caws nos Wener, dydd Sadwrn a dydd Sul. Dw i'n hoffi brechdanau caws yn fawr.

Gwella'r Gair | **Gorchmynion**

Newidiwch y berfenwau'n orchmynion yn y posteri hyn. Mae'r rhain wedi eu tanlinellu yn y poster cyntaf.

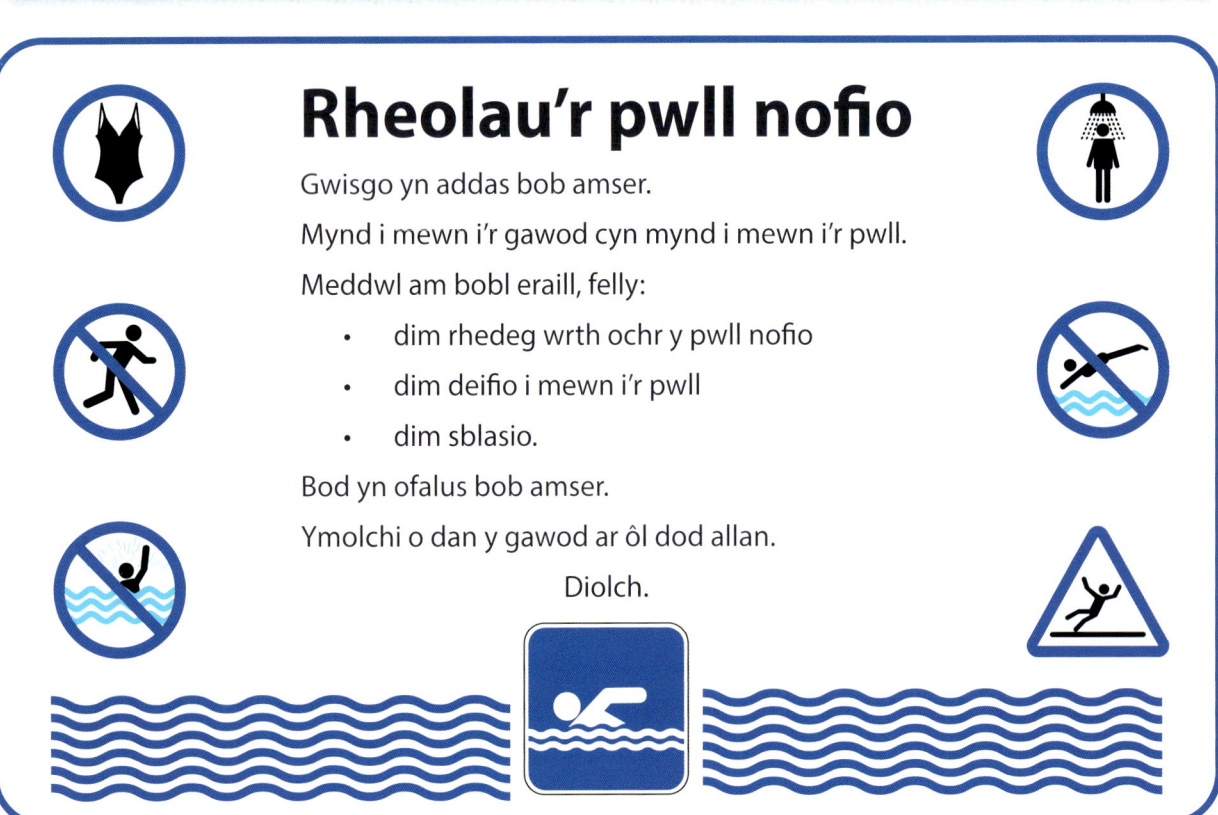

Golchi dwylo

Mae cael dwylo glân yn bwysig. Felly golchwch eich dwylo:

- cyn bwyta
- ar ôl bod i'r toiled
- ar ôl cyffwrdd ag anifeiliaid
- unrhyw bryd pan fyddan nhw'n frwnt.

Sut i olchi'ch dwylo:

- <u>agor</u> y tap
- <u>defnyddio</u> sebon
- <u>rhwbio'r</u> sebon yn dda i mewn i'ch dwylo
- <u>golchi</u> y sebon i ffwrdd.

<u>Cofio</u> sychu'ch dwylo'n dda ar ôl gorffen.

Rheolau'r pwll nofio

Gwisgo yn addas bob amser.

Mynd i mewn i'r gawod cyn mynd i mewn i'r pwll.

Meddwl am bobl eraill, felly:

- dim rhedeg wrth ochr y pwll nofio
- dim deifio i mewn i'r pwll
- dim sblasio.

Bod yn ofalus bob amser.

Ymolchi o dan y gawod ar ôl dod allan.

Diolch.

132

Tasg adolygu | **Gwella'r Gair**

Cywirwch y berfau sy'n anghywir yn y darn isod. Mae rhai wedi eu tanlinellu'n barod.

Assia Jones

Mae Assia yn ferch arbennig iawn.

Mae hi'n ddeg oed ac mae hi'n byw gyda'i theulu yn Ninbych. Mae hi'n mwynhau'r ysgol ac mae hi'n canu'r piano ond <u>mae hi ddim</u> yn hoffi ymarfer. Pam mae hi'n arbennig? Oherwydd mae hi'n hoffi rhedeg mewn marathonau i blant. Wythnos diwetha, <u>mae hi'n ennill</u> Marathon Gogledd Cymru. <u>Mae hi'n</u> hapus iawn ar ddiwedd y marathon a dywedodd hi, "Dyma'r marathon gorau erioed!"

Mae hi'n berson cydwybodol iawn ac felly bob dydd ar ôl yr ysgol, mae hi'n mynd i redeg gyda'i mam. Fel arfer, <u>mae nhw'n</u> rhedeg o gwmpas y parc. <u>Dydy nhw</u> ddim yn rhedeg o gwmpas y dref oherwydd y traffig.

Mae Assia yn ofalus iawn gyda'i diet oherwydd mae hi'n eisiau cadw'n iach. Mae hi ddim yn bwyta pethau fel creision a sglodion ond mae hi'n bwyta bwyd iach bob amser.

Y llynedd, penderfynais i redeg yn ei marathon cyntaf ar gyfer plant ac felly dechreuodd hi ymarfer. Roedd hi'n ymarfer bob dydd cyn y digwyddiad ac mae hi'n nofio hefyd er mwyn bod yn heini.

Rhedodd hi'n arbennig o dda yn ystod y marathon a gorffennodd hi'n ail. Ar ddiwedd y marathon, mae Assia yn dweud, "Dw i wedi mwynhau fy hun yn fawr a dw i'n mynd i redeg mewn llawer o farathonau o hyn ymlaen."

Mae hi'n dal i redeg mewn marathonau. Mae hi'n dal i gadw'n heini. Ydy, mae Assia yn ferch arbennig iawn.

Arddodiaid

Gwella'r Gair | **Arddodiaid a threigladau**

Mae pum treiglad yn dilyn arddodiad yn yr agenda yma.

Copïwch y geiriau sydd wedi eu treiglo i'r golofn gyntaf.

Yna, ysgrifennwch enw'r treiglad yn yr ail golofn, e.e. treiglad trwynol.

Cyfarfod pwyllgor Clwb Pêl-droed Ysgol Cwm Mawr

yng

Nghanolfan Chwaraeon y Cwm

Dydd Mercher 20 Mai am bedwar o'r gloch

Agenda

1. Croeso ac ymddiheuriadau
2. Rownd gyntaf y cwpan ym Mhontarddulais
3. Ymarfer ar gae chwarae Ysgol y Wern
4. Ymweliad gan gapten y rhanbarth
5. Unrhyw fater arall

Colofn 1	Colofn 2
1.	
2.	
3.	
4.	
5.	

Rhedeg arddodiaid | **Gwella'r Gair**

Dewiswch y gair cywir i'w roi yn y bwlch.

Jona: Wyt ti wedi clywed _____ (am y/amdano'r) gig?

Elsi: Pa gig?

Jona: Gig Y Dewiniaid Dwl. Mae tri _____ (o/ohonyn) nhw yn y grŵp.

Elsi: Dw i ddim wedi clywed _____ (am/amdanyn) nhw.

Jona: Grŵp o'r dre ydyn nhw. Mae dau docyn _____ (ganddo fi/gennyf i) ar gyfer nos Wener. Wyt ti eisiau dod?

Elsi: Yn anffodus, rwy'n dal y trên _____ (yn/mewn) awr i fynd i aros gyda Mam am y penwythnos.

Jona: Dyna drueni am y gig ond mwynha gyda dy fam.

Rhowch ffurf gywir y gair mewn cromfachau yn y bwlch.

Jona: Oes ofn _____ (ar) ti fynd ar y trên ar dy ben dy hun.

Elsi: Nac oes achos mae llawer _____ (o) ni'n mynd gyda'n gilydd.

Jona: Llawer?

Elsi: Mae Isla a Soffia yn dod gyda fi.

Jona: Bydd y tair _____ (o) chi'n gwmni i'ch gilydd.

Elsi: Byddwn ond byddwn ni'n cofio _____ (am) ti yn y gig.

Jona: Wel, fydda i ddim yn meddwl _____ (am) chi, beth bynnag. Bydda i'n mwynhau yn y gig.

Gwella'r Gair | Tasgau adolygu

Cywirwch y gwallau. Mae'r pum gwall cyntaf wedi eu tanlinellu ond rhaid i chi ddod o hyd i'r pum gwall arall.

Cyhoeddiad y pennaeth yn y gwasanaeth

Y bore 'ma rwy eisiau siarad <u>i</u> chi am <u>gardd</u> newydd yr ysgol. Bydd Blwyddyn pump yn dechrau plannu llysiau a blodau <u>ynddo</u> wythnos nesa. Blwyddyn chwech fydd yn gyfrifol am <u>dyfrio</u> yn ystod yr wythnos gyntaf ond wedyn bydd pob blwyddyn yn cymryd eu tro. Bydd llawer o gyfrifoldeb <u>ar</u> chi i gyd.

Am dau o'r gloch yfory, bydd Mr Roberts, y prif arddwr yn Talybont, yn siarad am tyfu blodau a llysiau. Bydd yn well iddo chi gwrando'n ofalus os ydych chi eisiau i'r prosiect lwyddo.

Mae deg gwall yn y llythyr. Mae pump ohonyn nhw wedi eu tanlinellu ond mae rhaid i chi ddod o hyd i'r pum gwall arall.

Ysgol y Waun

Trefechan

23 Chwefror

Annwyl Ms Hassan,

Rwy'n ysgrifennu <u>at</u> chi ar ran y Cyngor Ysgol i ddiolch <u>wrthoch</u> chi am ddod i siarad <u>i</u> ni. Doedden ni ddim yn gwybod dylen ni frwsio'n dannedd ddwywaith bob dydd. Ar ôl gwrando <u>i</u> chi, mae pob un <u>o</u> ni'n brwsio'n dannedd yn gyson.

Roedd cywilydd ar ni pan glywon ni chi'n siarad achos dim ond unwaith y dydd roedd y rhan fwyaf o ni'n brwsio'n dannedd. Mae ganddo fi ddau frws newydd nawr achos dywedoch chi dylen ni eu newid yn aml.

Unwaith eto, diolch yn fawr iddoch chi am ddod i'r ysgol i siarad amdano gofal dannedd.

Yr eiddoch yn gywir,

Nansi Mair